Instabile Staatlichkeit am Beispiel Senegal

Rebellenkonflikte und die Handlungsautonomie des Staates

von

Katja Salomon

Tectum Verlag
Marburg 2005

Salomon, Katja:
Instabile Staatlichkeit am Beispiel Senegal.
Rebellenkonflikte und die Handlungsautonomie des Staates.
/ von Katja Salomon
- Marburg : Tectum Verlag, 2005
ISBN 978-3-8288-8888-3

Tectum Verlag
Marburg 2005

Vorwort

Bei der vorliegenden Arbeit handelt es sich um eine leicht überarbeitete Version meiner Magisterarbeit, die ich im März 2004 an der Philosophischen Fakultät der Westfälischen Wilhelms-Universität Münster einreichte.

Vor dem Hintergrund meiner Entscheidung, meine Abschlussarbeit schließlich doch noch zu veröffentlichen, möchte ich einigen Personen danken, ohne die diese vorliegende Arbeit nicht zustande gekommen wäre.

Zunächst möchte ich Herrn Prof. Dr. Paul Kevenhörster und Herrn Prof. Dr. Dr. h.c. Reinhard Meyers für Ihre intensive Betreuung während meiner Examensphase danken. Insbesondere Herrn Prof. Kevenhörster, meinem Erstgutachter, bin ich sehr zu Dank verpflichtet, da er mir - auch außerhalb der regulären Sprechstunden - stets mit Rat und Tat zur Seite stand.

Dem Deutschen Akademischen Austauschdienst danke ich für ein 2,5-monatiges Auslandsstipendium, in dessen Rahmen ich in Dakar Recherchen durchführen und die empirische Basis meiner Arbeit legen konnte. Ohne diesen Aufenthalt vor Ort, der mir entwicklungspolitische Einblicke - nicht zuletzt auch durch die zahlreichen Gesprächspartner - gewährte, wäre diese Abschlussarbeit nicht so gut gelungen. Mein Dank gilt auch den vielen Senegalesen, die mich mit großer Gastfreundschaft aufnahmen und mir neue wichtige Perspektiven über ihr Land vermittelten.

Ganz besonders möchte ich Michael Möller, Dipl.-Oecotrophologe, danken, da er es war, der mich dazu ermutigte, die Arbeit zu publizieren. Großen Dank möchte ich zudem Lore und Werner Möller aussprechen, die das Korrekturlesen meiner Texte mit viel Sorgfalt übernahmen. Torsten Kurbad, Dipl.-Informatiker, dessen Motivationsschübe ich sehr zu schätzen wusste, und auch Stefan Pfeffer, Dipl.-Psychologe, danke ich ebenfalls für ihre professionelle technische Unterstützung meiner Arbeit.

Darüber hinaus bin ich zahlreichen anderen Personen zu Dank verpflichtet, die mir stets wichtige Anregungen zum Thema oder zur Struktur gaben. So danke ich ganz besonders Anne Overesch, Elke Lacher, Médard Kabanda, Nina Heckmann und Svetlana Izmailova.

Mein besonderer Dank gebührt meinen Eltern, Rosemarie und Volker Salomon, ohne deren ungebrochene mentale und großzügige finanzielle

Unterstützung mein Studium und damit meine gesamte bisherige akademische Ausbildung nicht möglich gewesen wäre.

Für inhaltliche oder sprachliche Irrtümer bin ich allein verantwortlich.

Katja Salomon, Mai 2005

Inhaltsverzeichnis

Abkürzungsverzeichnis

AA – Auswärtiges Amt
Abu Sayyaf – muslimische, fundamentalistische Separatistenbewegung auf den Philippinen
Aceh – eine muslimische Provinz Indonesiens, in der sezessionistische Rebellen für ein „freies Aceh" kämpfen.
AFP – Agence France Presse
AI – Amnesty International
AKUF – Arbeitsgemeinschaft Kriegsursachenforschung (Hamburg)
Al Fatah – Terroristische Befreiungsbewegung Palästinas
ANAFA – Assistance Nationale pour la Formation des Adultes
CCC – Collectif des Cadres Casamançais
CEAN – Centre d'Etudes d'Afrique Noire
CELIC – Coordination Extérieure de Lutte pour l'indépendance de la Casamance
Congad – Conseil des Organisations non Gouvernementales d'Appui au Développement
COPRI – Copenhagen Peace Research Institute
ECOMOG – ECOWAS Monitoring Group
ECOWAS – Economic Community of West African States
ETA – Euskadi ta Askatasuna (Freiheit für die baskische Heimat)
EU – Europäische Union
HSFK – Hessische Stiftung Friedens- und Konfliktforschung
IB – Internationale Beziehungen
IRA – Irish Republican Army
IRD – Institut de Recherche pour le Développement
JIC – Jeunesse Internationale et Indépendante de Casamance
MFDC – Mouvement des Forces Démocratiques de Casamance
NEPAD – New Partnership for Africa's Development
OAU – Organization of African Unity
OIM – Organisation Internationale pour les Migrations (engl. IOM)
PDS – Parti Démocratique Sénégalais
PKK – Kurdische Arbeiterpartei
PLO – Palestine Liberation Organization
PS – Parti Socialiste (Sénégal)
RADDHO – Rencontre Africaine pour la Défense des Droits de l'Homme
RAI – Radio Afrika International
SEF – Stiftung Entwicklung und Frieden
SZ – Süddeutsche Zeitung
UN – United Nations (VN – Vereinte Nationen)

1 Instabile Staatlichkeit[1] und Rebellenkonflikte: Kann innerstaatliche kriegerische Gewalt Staatsinstabilität beschleunigen?

Der Staat als zentrale Ordnungsgewalt und territorialer Nationalstaat ist die klassische politische Einheit, von der die heutige Welt geprägt ist. Das in Europa erfundene Staatswesen ist „nach wie vor die dominante soziopolitische Organisationsform weltweit"[2]. Bei näherer Betrachtung vieler Weltregionen fällt allerdings auf, dass Staatlichkeit nur formal existiert. Zwar werden Staaten dieser Art von der Völkergemeinschaft als souveräne Akteure der internationalen Politik anerkannt, jedoch beruht ihre innere Handlungsautonomie oft nur auf tendenziell schwach legitimierten Macht- und Herrschaftspotenzialen. Zu diesen Staaten, die nur ein bedingt funktionierendes Gewaltmonopol aufweisen, zählt der „koloniale Ablegerstaat"[3], der „auch in seiner afrikanisierten Hülle ein fragiles politisches Gebilde"[4] darstellt. Werden solche fragile politische Systeme afrikanischer Staaten näher untersucht, wird deutlich, dass nicht nur strukturelle Erblasten der Kolonialzeit und die von afrikanischen Eliten manifestierten systemimmanenten Defizite[5] relevant sind. Wenn Debiel feststellt, dass das letzte Jahrzehnt von einer hohen Anzahl innerstaatlicher Kriege gekennzeichnet ist,[6] dann liegt ein Zusammenhang zwischen instabiler Staatlichkeit und Rebel-

---

[1] „Instabile Staatlichkeit" (ein schwach ausgeprägtes Staatwesen), Titel und Leitbegriff der Arbeit, steht für den englischen Ausdruck „weak state" (der schwache Staat).

[2] Mutschler, Alexander: Eine Frage der Herrschaft. Betrachtungen zum Problem des Staatszerfalls in Afrika am Beispiel Äthiopiens und Somalias. Fragen politischer Ordnung in einer globalisierten Welt. Band 1. Münster 2002. S. 15.

[3] Tetzlaff, Rainer: Nachkolonialer Staat. In: Mabe, Jacob E. (Hrsg.): Das Kleine Afrika-Lexikon. Politik, Wirtschaft, Gesellschaft. Lizenzausgabe, Bundeszentrale für politische Bildung. Bonn 2003. S. 133. Künftig zitiert als „Tetzlaff: Nachkolonialer Staat".

[4] Ebenda.

[5] Hiermit werden strukturelle Defizite besonders in Politik, Administration und Recht angesprochen, die sowohl extern (durch die Kolonialzeit) als auch intern (vor der Kolonialzeit existent oder / und von den afrikanischen Eliten übernommen) verursacht wurden. Damit wird deutlich, dass zahlreiche afrikanische Staaten ohnehin Schwachstellen im politischen System aufweisen: Systembedingt ist z.B. die neopatrimoniale Regierungsweise, die durch die Kolonialmacht Frankreich noch verstärkt wurde und heute noch immer vorherrscht (vgl. Theorien).

[6] Vgl. Debiel, Tobias: Haben Krisenregionen eine Chance auf tragfähigen Frieden? Zur schwierigen Transformation von Gewaltstrukturen. In: Ders. (Hrsg.): Der zerbrechliche Frieden. Krisenregionen zwischen Staatsversagen, Gewalt und Entwicklung. Stiftung Entwicklung und Frieden (SEF). Band 13. Bonn 2002. S. 20. Künftig zitiert als „Debiel: Krisenregionen".

lenkonflikten nahe. Diese Korrelation stellt Rufin her, wenn er „geschwächte[n], unruhige[n] Staaten" benennt, die von „unkontrollierbaren internen Kräften"[7] bedroht werden. Auch Schäuble diagnostiziert eine „gegenwärtige Dichte höchst brisanter Krisen und Konflikte"[8], in die er auch schwache Staaten einordnet: Neben Irak und der „Lähmung der Friedensbemühungen im Nahen Osten"[9], verweist er auf „grausamste Bürgerkriege im zentralen Afrika, Instabilitäten und Terror im Kaukasus, in Südostasien" und „Failing States rund um den Globus [...]"[10]. Zentraler Forschungsgegenstand dieser Arbeit soll aber nicht eine ohnehin in der Literatur abgearbeitete rein historische Ursachenanalyse innerstaatlicher Kriege und schwacher Staaten sein. Auch die Frage, welcher Faktor auf den jeweils anderen konkret einwirkt, ist sekundär. Im Mittelpunkt des Interesses steht vielmehr die Frage, *inwieweit und mit welchen Mitteln* Rebellenkonflikte die zentrale Handlungsautonomie[11] und Legitimität des Staates unterminieren. Der Ansatz- und Ausgangspunkt der Analyse steht dabei ganz im Sinne Ohlsons und Söderbergs: „An intra-state war dramatically weakens the already weak state."[12] Damit wird deutlich, dass zum einen der Guerillakrieg[13] nicht alleiniger, aber ein sehr entscheidender Anknüpfungspunkt für Staatsversagen ist, zum anderen, dass der Rebellenkrieg, wenn er ausgebrochen ist, eine katalysatorische Wirkung auf den Niedergang staatlicher Strukturen zeitigt. Der Krieg scheint demnach notwendige, aber nicht hinreichende Bedingung für die Erklärung von Staatsinstabilität zu sein.

Dass besonders Afrika von bewaffneten Kriegen betroffen ist, wird von Friedens- und Konfliktforschern bestätigt. Debiel zufolge ist Afrika weltweit derjenige Kontinent, der die höchste Krisenanfälligkeit seit Ende des

---

[7] Rufin, Jean-Christophe: Kriegswirtschaft in internen Konflikten. In: Jean, François / Rufin, Jean-Christophe (Hrsg.): Ökonomie der Bürgerkriege. Hamburg 1999. S. 40. Künftig zitiert als „Rufin: Kriegswirtschaft".

[8] Schäuble, Wolfgang: Außenansicht. Die neue Balance der Abschreckung. In: Süddeutsche Zeitung (SZ). 60. Jahrgang. Nr. 4 vom 07.01.2004. S. 2. Künftig zitiert als „SZ".

[9] Ebenda.

[10] Ebenda.

[11] Der Begriff „Handlungsautonomie" ist weit gefasst und aktueller, da Staaten heute immer mehr an Staatsgewalt verlieren. Der Begriff „Souveränität" hingegen, der im Völkerrecht noch immer vorherrscht, würde unterstellen, dass der Staat noch immer allein handlungsbefugt sei.

[12] Ohlson, Thomas / Söderberg, Mimmi: From intra-state war to democratic peace in weak states. Uppsala Peace Research Papers No. 5. Department of Peace and Conflict Research. Uppsala University. Sweden. [http://www.pcr.uu.se/publications/UPRP_pdf/UPRP_No_5.pdf.]. Stand 2002. 17.11.2003. S. 1 f.

[13] „Guerilla" leitet sich aus „guerra" [span. Krieg] ab und bedeutet „Kleiner Krieg".

Zweiten Weltkrieges zeigt.[14] Werden weiterhin Kriegsart und Kriegsführung in den Blick genommen, erschließt sich dem Betrachter zum einen das Bild eines innerstaatlichen Krieges, in dem meist um Autonomie und Sezession gekämpft wird,[15] zum anderen lässt sich eine tendenziell irreguläre Guerillataktik nachweisen. Hieran knüpft die genannte forschungsgeleitete Frage an, die unter einem bestimmten Fokus zu erweitern ist: *Inwieweit untergräbt besonders die unkonventionelle Kriegsführung der Rebellen die Steuerungsfähigkeit des Staates?* Ist die Gefahr der Erosion von Staatlichkeit erhöht, wenn ein innergesellschaftlicher Krieg zum dauerhaften Strukturmerkmal wird? Inwieweit sind beschränkte Handlungsfähigkeit und Legitimationsdefizite eines Staates wie Senegal durch einen Guerillakrieg bestimmt? Hier beginnt die analytische Arbeit des Politikwissenschaftlers.

Der Kausalzusammenhang instabiler Staatlichkeit und innerstaatlicher Kriege bietet drei Ansatzpunkte:

Erstens: Der Staat wird durch die lang andauernde Bürgerkriegssituation in einer bestimmten Region territorial unterhöhlt. Denn durch Autonomie- und Sezessionsbestrebung von Rebellengruppen wird der Staat dauerhaft unfähig, weiterhin die notwendige Kontrolle über sein Staatsgebiet auszuüben und territoriale Sicherheit und Integrität zu gewährleisten. Territorialer Verfall lässt sich auch durch transnationale bzw. internationale Einflüsse nachweisen. Damit wird die „physical base of the state"[16] untergraben.

Zweitens: Der Staat büßt sein Gewaltmonopol ein. Das, was Mutschler prinzipiell mit den Determinanten Macht und Herrschaft zeigt, soll erweiternd mit den Charakteristika eines veränderten Kriegsbildes unter besonderer Berücksichtigung der *Kriegstaktik* erarbeitet werden: „Besitzt ein politischer Verband das legitime Gewaltmonopol, so handelt es sich nach Weber um einen Staat." Es „besitzen jedoch nicht alle Staaten Afrikas dieses Monopol"[17]. Zentrale Staatsprinzipien werden prinzipiell durch kriegerische Handlungen bzw. speziell zermürbende Guerillastrategien beeinträchtigt: Durch den Verlust staatlicher Autorität können regulative und organisatorische Staatsaufgaben nicht mehr oder nur bedingt wahrgenom-

---

[14] Vgl. Debiel, Tobias: Kriege / Bürgerkriege. In: Mabe, Jacob E. (Hrsg.): A.a.O. S. 104. Künftig zitiert als „Debiel: Kriege / Bürgerkriege".

[15] Vgl. Smith, Dan: Atlas des guerres et des conflits dans le monde. Peuples, puissances militaires, espoirs de paix. Nouvelle Edition. Paris 2003. S. 8. Künftig werden alle französischen Originalquellen direkt ins Deutsche übersetzt. Dies kann nicht immer ganz wörtlich erfolgen, da der deutsche Sprachstil darunter leiden würde.

[16] Buzan, Barry: People, states and fear. An agenda for international security studies in the post-cold war era. Harlow / London 1991. S. 90. Seine drei den Staat charakterisierenden Termini bilden die Teilhypothesen dieser Arbeit.

[17] Mutschler, Alexander: A.a.O. S. 70.

men werden. Militärisch orientierte Handlungsmuster des Staates und Klientelismus erschweren den Prozess der Institutionalisierung und Demokratisierung. Das Gefüge der „institutions of the state"[18] wird demnach obsolet.

Drittens: Die Tatsache, dass instabilen Staaten eine kohärent nationale Identität fehlt, spiegelt sich besonders klar im Rebellenkrieg wider. Der Staat legitimiert sich über das Staatsvolk, das im Idealfall die Nation bildet. Die Idee des Staates, die Nation, ist eng mit der Regierungstätigkeit und -fähigkeit verbunden. Indessen bilden sich aber Partikularinteressen heraus, mit denen Ethnizität im Krieg politisiert und instrumentalisiert wird. Die integrative Leistung des Staates fällt damit negativ aus, und Legitimität im Namen der Staatsbürger bleibt erst recht durch den Krieg besonders fragil. Auch die „idea of the state"[19] ist somit verfehlt.

Wenn Daase[20] in seinen Fallstudien sowohl die Instabilität Israels durch den Kleinkrieg der PLO[21] als auch der Türkei durch militante Guerillataktik der PKK[22] nachweist, liegt der politikwissenschaftliche[23] Anspruch darin, diesen Theorieansatz auf andere Weltregionen zu übertragen. Dies soll mit dem westafrikanischen Beispiel Senegal versucht werden. Daases Studie gibt hier Anlass zu fragen, in welcher Form die Theorie der „Kleinen Kriege"[24] auch auf andere Staaten anzuwenden ist: Indem sich Staaten auf militärische Konflikte mit nichtstaatlichen Akteuren einlassen und damit eine irreguläre Kriegstaktik akzeptieren, wird ein Prozess initiiert, in dem Staatlichkeit latent unterminiert wird. Zwar ist Senegal nicht von Staatskollaps betroffen, wie es bereits Staaten wie Sierra Leone, Liberia, Somalia, Kolumbien, Afghanistan oder Irak sind. Jedoch können anarchische Zustände in einem Teil des Landes oder allgemein stark eingeschränkte Staatsgewalt langfristig das Risiko eines Staatsverfalls erhöhen. Anhand der Fallstudie sind Indikatoren abzuprüfen, die Staatsschwäche konkret nachweisen. Im Umkehrschluss ist zu ergründen, in welchem Grad die senegalesische Regierungspolitik besonders durch den Guerillakrieg von der verfassungsrechtlich definierten idealen Staatstätigkeit abweicht. Wie wird

---

[18] Buzan, Barry: A.a.O. S. 82.

[19] Ebenda. S. 69. „The idea of the state is the most abstract component of the model, but also the most central."

[20] Vgl. Daase, Christopher: Kleine Kriege-Große Wirkung. Wie unkonventionelle Kriegsführung die internationale Politik verändert. Weltpolitik im 21. Jahrhundert. Band 2. Baden-Baden 1999.

[21] Palestine Liberation Organization (Palästinensische Befreiungsorganisation)

[22] Kurdische Arbeiterpartei

[23] Vgl. Daase, Christopher: A.a.O. S. 214. „Die Standardprozeduren und -theorien haben es der Politik und der Wissenschaft gleichermaßen verwehrt, die Besonderheiten des Kleinen Krieges zu erfassen."

[24] zentraler Terminus für den Rebellenkonflikt in der Studie von Christopher Daase

der Staat angesichts dieser Konfliktstrukturen seinen originären Funktionen noch gerecht? Um dies beantworten zu können, bietet sich ein abstraktes Modell als Interpretationsschema an: Der Guerillakrieg in seinen heutigen Facetten fungiert als unabhängige Variable, die im normativen Idealfall eine funktionierende Staatstätigkeit oder aber im Ist-Zustand Staatsinstabilität erkennbar werden lässt. Die angesprochenen strukturellen Defizite im politischen und rechtlichen System des afrikanischen Staates bilden dabei den Hintergrund der Analyse. Ergänzend lässt sich eine Politisierungsvariable ableiten, die im Sinne von Tetzlaff[25] den „ethnoregionalistischen"[26] Kriegscharakter Senegals umfasst.

Kriege wie die im Senegal werden vor dem Hintergrund der „großen" Kriege und Konflikte in Westafrika wie beispielsweise in Liberia, Sierra Leone, Nigeria oder in der Elfenbeinküste beinahe vergessen und nur medienunwirksam aufbereitet. Doch auch kleinere Kriege und Krisen können sowohl auf regionaler als auch auf nationaler und internationaler Ebene weit reichende und destruktive Ausstrahlungseffekte nach sich ziehen.[27] Diese Arbeit fokussiert einen solchen latenten Kleinkrieg und bietet Lösungsansätze für Konfliktregulierung und Staatsstabilisierung. Neben der inhaltlichen Analyse bemüht sie sich, eine politikwissenschaftlich differenzierte Methodik vor dem Hintergrund eines unzureichend aufgearbeiteten Tatbestandes der irregulären Kriegspraxis zu entwickeln. Dabei sind theoretische Ansätze daraufhin zu überprüfen, inwieweit sie zu Erkenntnissen über den Zusammenhang von Staatsinstabilität und Guerillakriegen führen.

---

[25] Vgl. Tetzlaff, Rainer: Ethnische Konflikte. In: Mabe, Jacob. E. (Hrsg.): A.a.O. S. 50 f. Künftig zitiert als „Tetzlaff: Ethnische Konflikte".
[26] „Ethnoregionalistisch" deutet auf ethnische Konfliktpotenziale hin, die sich regional herausgebildet haben. Ein rein ethnisch bedingter Krieg wird jedoch ausgeschlossen, da davon ausgegangen wird, dass viele Kriege multikausal sind und ethnisch überhöht werden. (Vgl. Politisierungsvariable, Unterkapitel 3.1.3.)
[27] Dies bestätigt die Krise in Togo (seit April 2005) als aktuelles Beispiel. Ausstrahlungseffekte ergeben sich meist bereits durch die Flüchtlingsbewegungen wie im Falle Togos vorwiegend nach Ghana und Benin.

2 Herleitung politikwissenschaftlicher Determinanten: Zielbestimmungen des Staates im Hinblick auf seine Steuerungsfähigkeit - die abhängige Variable

Theorien sind, so Popper, „das Netz, das wir auswerfen, um die Welt einzufangen"[28]. Umgekehrt bestimmt die „theoretische Brille" des Wissenschaftlers das, was als erklärungsbedürftig wahr- und aufgenommen wird, und welche „Welten" mit dem „Netz" des wissenschaftlichen Instrumentariums einzufangen sind. Konzeptionen für das Staatswesen erschließen sich aus der Staatstheorie und der Allgemeinen Staatslehre,[29] die Indikatoren für eine stabile Staatätigkeit bieten. Mit diesen Indikatoren lassen sich durch Vorgabe normativer Maßstäbe erklärungsbedürftige Defizite des Staates aufdecken und Kategorien für Staatsinstabilität und deren wissenschaftliche Bewertung ableiten.[30] Bei alledem findet sich der Politikwissenschaftler zwischen verschiedenen fachwissenschaftlichen Standpunkten wieder: Zwischen dem Juristen, den die äußere Form des Staates interessiert (etwa die rechtliche Verfasstheit), dem Soziologen, der den Inhalt des Staates (etwa das Gesellschaftsgefüge) analysiert, dem Historiker, der das heutige Staatswesen auf geschichtliche Entwicklungen (etwa auf die Kolonialzeit) zurückführt und dem Philosophen, der danach fragt, wie der Staat (normativ) sein soll.[31]

Auch wenn Staatskonzeptionen in Europa und Afrika nur bedingt vergleichbar sind, wird die europäische Staatsdefinition[32] für die Analyse zu Grunde gelegt. Denn trotz der faktischen Unterschiede in der Staatsstruktur „haben die afrikanischen staatlichen Rechtssysteme bis heute ihren vom

---

[28] Vgl. Popper, Karl R.: Logik der Forschung. Nachdruck der 10. Aufl., Jubiläumsausgabe. Tübingen 2002. S. 31.

[29] Staatstheorien bzw. die Staatslehre erklären inneren Aufbau, Zweck, Handlungsauftrag und Legitimation eines Staates. Im weitesten Sinne geht es um die Bestimmung des Verhältnisses von Staat, Politik und Gesellschaft.

[30] Staatswissenschaft ist nicht nur an Tatsachen, sondern auch an Normen orientiert. Vgl.: Zippelius, Reinhold: Allgemeine Staatslehre. Juristische Kurz-Lehrbücher. Politikwissenschaft 14. Aufl. München 2003. S. 1.

[31] Vgl. Oppenheimer, Franz: Der Staat. Vorwort. Die Staatstheorien. 3. überarbeitete Aufl. von 1929. Berlin 1990. [http://www.opp.uni-wuppertal.de/oppenheimer /st/staat0.htm]. Stand 1990. 23.11.2003. S. 11.

[32] Diese ergibt sich aus den drei Kernelementen „Staatsgebiet, Staatsvolk und Staatsgewalt". Sie lassen sich auf die europäische Staatskonzeption des „Westfälischen Friedens" (1648, Münster-Osnabrück) zurückführen.

Recht der ehemaligen Kolonialmacht vorgegebenen Charakter vielfach beibehalten"[33]. Andere Indikatoren wie Sprache, Ethnie oder Herkunft dienen kaum als klare Messkriterien eines Staates. Zudem gehört Senegal seit seiner Loslösung von Frankreich und Unabhängigkeit im Jahre 1960 als demokratischer Staat der internationalen Völkergemeinschaft an.[34]

2.1 Staatsbegriff

In der Politikwissenschaft zählen die Begrifflichkeiten *Staat und Staatlichkeit* zu den Schlüsselkategorien. Es gilt, die notwendigen Kriterien zu entwickeln, die konkrete Zielbestimmungen des Staates im Hinblick auf seine Steuerungsfähigkeit formulieren, an denen die senegalesische Wirklichkeit getestet wird. Da der moderne Staatsbegriff auf der originären Idee Europas[35] beruht und daher nur bedingt zulässig ist, werden sowohl klassische Charakteristika des nachkolonialen Staates als auch allgemeingültige Staatsinterpretationen entwickelt. So beansprucht jeder Staat, unabhängig von Weltregion und Beschaffenheit, Macht und Herrschaft und definiert sich über innere und äußere Souveränität. Inwieweit Theorie und Praxis diesbezüglich voneinander abweichen, ist in der Fallstudie konkret zu prüfen.

2.1.1 Allgemeine Begrifflichkeit des Staates: Brüchiges Gewaltmonopol?

Die Begrifflichkeit „Staat" erschließt sich zum einen etymologisch aus dem lateinischen Wort „Status". Dessen ursprüngliche Bedeutung legt nahe, dass ein Staat ein solches „rechtlich organisiertes Wirkungsgefüge"[36] darstellt, das einen Zustand einer spezifischen „Verfasstheit des Zusammenlebens"[37] bezeichnet. Zweitens impliziert der Begriff den „état souverain",

---

[33] Sippel, Harald / Wanitzek, Ulrike: Recht. In: Mabe, Jacob E. (Hrsg.): A.a.O. S. 164.
[34] Vgl. Senegalesische Verfassung (angenommen durch ein Referendum am 07.01.2001), Präambel: „[...] der Wille Senegals, ein moderner Staat zu sein [...]" i. V. m. Art. 1 Abs. 1 „[...] demokratisch [...]." (Vgl. Auszüge der Verfassung im Anhang)
[35] Vgl. Tibi, Bassam: Krieg der Zivilisationen. Politik und Religion zwischen Vernunft und Fundamentalismus. 3. akt., erw. Aufl. München 2001. S. 67. Künftig zitiert als „Tibi: Zivilisationen". „Der Nationalstaat ist in seinem Ursprung eine europäische Institution."
[36] Zippelius, Reinhold: A.a.O. S. 52.
[37] Ebenda.

denn Souveränität gilt staats- und verfassungsrechtlich als das wesentliche Merkmal von Staatsgewalt.[38] Souveränität, auch *Handlungsautonomie* genannt, entfaltet der Staat nach innen wie nach außen, da er nur auf diese Weise wesentlichen Herrschafts- und Ordnungsfunktionen nachkommen kann.

Grundsätzlich konkurrieren zwei Theoriegruppen, wenn es um die Erklärung des Staatswesens geht: Während in der „reinen Rechtslehre"[39] der Staat als eine rein über die Verfassung definierte Einheit betrachtet wird, betont der soziologische Ansatz vielmehr den Herrschaftsverband, als der der Staat in einer sozialen Gemeinschaft fungiert.[40] Der letzteren Auffassung schließt sich auch Sauer an, indem er den Staat als „eine Ordnung sozialer Werte"[41] bezeichnet. Auf der Metaebene ist der Staat damit Durchsetzungssubjekt gesellschaftlicher Ordnung. Über den soziologischen Aspekt hinausgehend bestimmt die kulturelle Definition den Staat über „bestimmte Gemeinsamkeiten ihrer Mitglieder"[42] wie lokale und regionale Verbundenheit, Sprache, Dialekt, Kultur, Geschichte und Tradition.

Eine umfassendere Staatsdefinition, die sowohl juristische *als auch* soziologische bzw. machtpolitische Merkmale beinhaltet, bietet Weber: Demnach fungiert der Staat als „politischer Anstaltsbetrieb [...], wenn und insoweit sein Verwaltungsstab erfolgreich das Monopol legitimen physischen Zwanges für die Durchführung der Ordnungen in Anspruch nimmt"[43]. Laut Weber ist von legitimer Staatlichkeit dann die Rede, wenn Gewalt erfolgreich monopolisiert wird.[44]

Zwar ist die heutige Welt durchaus als ein System völkerrechtlich handlungsautonomer Staaten konstituiert, in dem sich diese als Rechtssubjekte mit Staatsgewalt von anderen Subsystemen unterscheiden. Jedoch ist der

---

[38] Vgl. Ebenda. S. 64. Begründer der Souveränitätslehre ist Jean Bodin (1530-1596).

[39] Hans Kelsen (1881-1973), Staats- und Verwaltungsrechtler. Vgl. Ebenda. S. 8.

[40] Vgl. Ohne Verfasser (O.V.): Staatsphilosophie. Definitionsversuche von „Staat" aus dem 20. Jahrhundert. Gliederungsschema staatsphilosophischer Theorienansätze. [http://www.gottwein.de/Eth/Staat01.htm]. Stand März 2003. 19.11.2003. S. 2-4 (im Druck). Georg Jellinek (1851-1911), Philosoph, Historiker und Jurist, begründete in der Staatslehre die „Drei-Element-Lehre" (Staatsgebiet, Staatsvolk, Staatsgewalt).

[41] Sauer, E.F.: Staatsphilosophie. Berlin 1965. S. 8. „Absichtlich ist von Rechtsordnung nicht die Rede, weil das Staatsganze auch die nichtjuristischen Werte umfasst." (9)

[42] Bredow, Wilfried von: Nation / Nationalstaat / Nationalismus. In: Nohlen, Dieter (Hrsg.): Wörterbuch Staat und Politik. München 1998. S. 454.

[43] Weber, Max: Wirtschaft und Gesellschaft. Grundriss der verstehenden Soziologie. Hrsg. von Johannes Winckelmann. 4. Aufl. 1. Halbband. Tübingen 1956. S. 29. Künftig zitiert als „Weber (1956): Wirtschaft und Gesellschaft".

[44] Vgl. Anter, Andreas: Von der politischen Gemeinschaft zum Anstaltsstaat. Das Monopol der legitimen Gewaltsamkeit. In: Hanke, Edith / Mommsen, Wolfgang J.: Max Webers Herrschaftssoziologie. Studien zu Entstehung und Wirkung. Tübingen 2001. S. 124. Anter spricht hier von Gewalt- und Rechtsmonopolisierung.

von Weber definierte Staat ein theoretischer Idealtypus. Sowohl Esser als auch Anter verweisen darauf, „dass das Gewaltmonopol brüchig geworden ist"[45]. Staatliche Souveränität unterliegt der Gefahr, „vielfach beschränkt, fragmentiert und ausgehöhlt"[46] zu werden. Innere Souveränität wird schrittweise erodiert, wenn nicht nur Individuen, sondern auch gesellschaftliche Gruppen mit Gewalt den Rahmen staatlicher Ordnung unterlaufen. Unter diesen Umständen ist fraglich, inwieweit der Staat seine traditionelle Ordnungs-, Steuerungs- und Schutzfunktion noch erfüllen kann. Zwar ist es unangemessen, den Staat in seiner Bestandsform völlig zu negieren,[47] aber im Hinblick auf den nachkolonialen Staat ist zu ergründen, ab wann kriegerische Gewalt und abnehmende Legitimität zur Existenzbedrohung des staatlichen Gewaltmonopols werden.

2.1.2 Merkmale des nachkolonialen Staates im Senegal: Schwacher Staat?

Senegal wird von Tetzlaff zu den chronisch instabilen Staaten gerechnet, „in denen sich das Gewaltmonopol des Staates nicht durchsetzen konnte und / oder es zu [...] Bürgerkriegen kam"[48]. Inwieweit das schwache Gewaltmonopol des Staates tatsächlich mit dem Krieg korrespondiert, wird von Tetzlaff mit der Umschreibung „und / oder" nicht weiter hergeleitet und ist Anliegen dieser Arbeit. Die Instabilität eines politischen Systems drückt sich in mehrfacher Hinsicht aus: Formalrechtlich hat ein Staat wie Senegal im Zuge der Kolonialisierung und Universalisierung europäischer Staatskonzepte das Territorialprinzip übernommen. Die senegalesischen Grenzen, die den Staat von den Nachbarstaaten trennen, lassen sich heute klar erkennen. Aber dadurch, dass Territorialität und Nationalität in den meisten afrikanischen Staaten nicht harmonieren, ergeben sich weit reichende Folgewirkungen: Denn „aus dieser getrennten Genealogie des territorialen und des nationalen Prinzips, aus ihrem Mangel an Kongruenz erklären sich nicht wenige der ethnisch-religiösen Konflikte der Gegen-

---

[45] Ebenda. S. 133. Anter betont, dass Webers Staatsbegriff noch Mitte der achtziger Jahre von Staatstheoretikern unangefochten blieb. Heute ist sein Modell jedoch aus verschiedenen Gründen differenzierter zu betrachten. (Vgl. Begriffsunterscheidung „Handlungsautonomie" und „Souveränität".)

[46] Esser, Josef: Staatstheorie. In: Nohlen, Dieter (Hrsg.): A.a.O. S. 733.

[47] „Wer ihm [dem Staat] also einen Totenschein ausstellt, orientiert sich an einem sehr engen Staatsbegriff, der im übrigen (sic!) auch nicht dem Max Webers entspricht [...]." Anter, Andreas: A.a.O. S. 135.

[48] Tetzlaff: Nachkolonialer Staat. S. 136.

wart"[49]. Staatstheoretisch betrachtet ist das Verhältnis von Gesellschaft und Staat daher prekär und labil. Mit Verweis auf systemimmanente Strukturen erklärt sich die Fragilität des politischen Systems u.a. mit der fehlenden innergesellschaftlichen Entwicklung[50], die keine nationale, kollektive Identität schaffen konnte. Mutschler nennt diese Staaten „unsubstanziell[e]"[51], denn es mangele ihnen an einer stabilen politischen Ordnung. Diese Aussage gibt Anlass zu fragen, welche Staatsaufgaben eine solche politische Ordnung begründen bzw. wann konkret eine Regierung diesbezüglich versagt. So liefert der von Mutschler genannte Terminus „Quasistaatlichkeit" keine wirkliche Erklärung. Denn es wird lediglich gefolgert, dass Staaten dann eine nur quasistaatliche Struktur aufweisen, wenn sie zwar nach außen als internationale Völkerrechtssubjekte anerkannt sind, nach innen aber den Anforderungen der staatlichen Organisation nicht genügen.[52] Unter welchen Bedingungen aber wird der *Staat* diesen Anforderungen nach innen nicht mehr gerecht?

Eine stabile politische Ordnung impliziert sowohl einen ausgereiften Institutionalisierungsgrad als auch eine fundierte Legitimationsbasis. Beides ist jedoch im nachkolonialen Staat nur schwach ausgebildet, so dass Baechler daraus eine „poor state performance"[53] folgert. Damit wiederum ist auch die Rolle des Militärs verbunden: Ist das Militär noch immer eine einflussreiche Größe mit absehbarer Wirkung auf politische Entscheidungsprozesse, so ist die zivilgesellschaftliche Basis vor dem Hintergrund defizitärer institutioneller Entwicklungen nur schwach.[54] Daher dominiert repressives Regierungshandeln. Zwar kann mit militärischen Kapazitäten das gesellschaftliche System kurz- oder mittelfristig unter Kontrolle gebracht werden, doch eine effektive Erfüllung von Wohlfahrts- und Sicherheitsaufgaben im staatlichen Funktions- und Steuerungsbereich gelingt damit

---

[49] Osterhammel, Jürgen: Kolonialismus. Geschichte. Formen. Folgen. München 2001. S. 77.

[50] Dieses Kriterium allein kann jedoch nicht ausschlaggebend sein. Denn auch ein stabiles Institutionengefüge stellt eine weitere Variable für die Stabilität des politischen Systems dar. Auffällig ist aber, dass die meisten europäischen Staaten ihre konsolidierte Staatswerdung einer innergesellschaftlichen Entwicklung verdanken. Auch das konsolidierte, demokratische Staatswesen der BRD, das aus unterschiedlichen Herrschaftsansprüchen rivalisierender Staaten entstanden ist, ist auf eine zivilgesellschaftliche Basis zurückzuführen.

[51] Mutschler, Alexander: A.a.O. S. 59.

[52] Vgl. Ebenda. S. 62. Mutschler lässt den Terminus nicht isoliert stehen, sondern wendet ihn unter Heranziehung der Indikatoren Macht und Herrschaft auf Äthiopien und Somalia (Fallstudien) an.

[53] Baechler, Günther: A.a.O. S. 3.

[54] Vgl. Tetzlaff: Nachkolonialer Staat. S. 135.

kaum.[55] Darüber hinaus fällt auf, dass „der unzureichend konsolidierte Staat in Krisenländern"[56] meist durch ein hohes Maß an Zentralisierung geprägt ist: Senegal ist einer der frankophonen Staaten, dem das jakobinische, zentralisierte Regierungsmodell von Frankreich übertragen wurde.[57] Da lokale Entscheidungsebenen in einem solchen Modell mit nur geringer Handlungsautonomie ausgestattet sind, muss die Integrationsleistung des Staates sehr effektiv sein, um Partikularinteressen möglichst gezielt in das Gesamtsystem mit einzubeziehen. Tatsache jedoch ist, dass „viele Probleme vor Ort ungelöst"[58] bleiben. Die Zentralregierung lässt eine Kompetenzabgabe an die kommunalen Ebenen auch daher nicht zu, weil sie ein schlecht kontrollierbares Erstarken politischer Oppositionen fürchtet. Zur Ausdifferenzierung von partikularen Loyalitäten kommt es jedoch erst dann, wenn der Staat den Bürgern versprochene Leistungen wie die Garantie von Landfrieden, Schutz vor Kriminalität oder die Achtung und Wahrung der Menschenrechte[59] nicht erfüllt.

Das prägende Charakteristikum politischer Herrschaft im nachkolonialen Staat ist die *neopatrimoniale* Regierungsweise, die in den Staaten der Dritten Welt weit verbreitet ist.[60] Osterhammel definiert Herrschaft in Afrika als „informell, personell, kultisch-religiös [...], instabil, formbar, zwischen Machtgruppen flexibel aushandelbar"[61]. Neopatrimonialismus[62] und

---

[55] Vgl. Debiel, Tobias: Staatsversagen, Gewaltstrukturen und blockierte Entwicklung: Haben Krisenländer noch eine Chance? In: Das Parlament. Aus Politik und Zeitgeschichte. 24.03.2003. B 13-14 / 2003. S. 16.

[56] Ebenda.

[57] Vgl. Schlichte, Klaus: Krieg und Vergesellschaftung in Afrika. Ein Beitrag zur Theorie des Krieges. Kriege und militante Konflikte. Band 7. Münster 1996. S. 188. / Gellar, Sheldon: Pluralisme ou jacobinisme: quelle démocratie pour le Sénégal? In: Diop, Momar-Coumba.: Le Sénégal contemporain. Collection Hommes et Sociétés. Paris 2002. S. 508. Künftig zitiert als „Gellar: Pluralisme". Laut Gellar agiert im jakobinischen Modell der Staat im Namen des Volkes. „Jakobinisch" bezeichnet ein zentralistisches, republikanisches Frankreich mit dem Regierungsprinzip einer „nation une et indivisible" [einer einheitlichen und unteilbaren Nation.] (Ursprünglich „Jakobinerherrschaft", Französische Revolution von 1789-1799.)

[58] Illy, Hans F.: Öffentliche Verwaltung. In: Mabe, Jacob E. (Hrsg.): A.a.O. S. 150. Ein europäisches Beispiel sind die korsischen Teilinteressen, die im Lichte einer Politik der „unteilbaren Nation" auch ungelöst bleiben.

[59] Vgl. Arnsprenger, Franz: Nationenbildung / Nation Building. In: Mabe, Jacob E. (Hrsg.): A.a.o. S. 140.

[60] Vgl. Bratton, Michael / Walle, Nicolas van de: Democratic Experiments in Africa. Regime Transitions in comparative perspective. Cambridge 1997. S. 62.

[61] Osterhammel, Jürgen: A.a.O. S. 76.

[62] Der Neopatrimonialismus basiert auf Webers Idealtyp der patrimonialen Herrschaft. Vgl. Weber, Max: Wirtschaft und Gesellschaft. Grundriss der verstehenden Soziologie. Tübingen 1985. S. 580 ff. Künftig zitiert als „Weber (1985): Wirtschaft und Gesellschaft".

Klientelismus bedingen einander, denn mangelnde Differenz von öffentlicher und privater Sphäre der Regierenden basiert auf klientelistischen Regierungspraktiken. Demnach werden z.b. politische Ämter vorrangig nicht nach formalen, objektiven Leistungskriterien, sondern nach verwandtschaftlichen Beziehungen und persönlichen Loyalitäten vergeben. Meyns benennt für neopatrimoniale Strukturen eine im Kern personalisierte Form von Machtbeziehungen, mit denen der Präsident seine Verfügungsgewalt im Interesse seiner Herrschaftssicherung nutzt.[63] Personelle Bereicherung über den Zugang zu öffentlichen Ressourcen ist aber nicht nur auf rein konsumptive Zwecke zurückzuführen, „sondern wird sowohl in privatwirtschaftliche Betriebe investiert wie in sozialen Beziehungen redistribuiert"[64]. Staats- und gesellschaftsfeindlich ist ein solches „Beziehungsgeflecht von Patronage- und Klientelverbindungen"[65] dann, wenn der Staat noch immer als oktroyiert angesehen wird, den es zu unterlaufen gilt. Mutschler spricht von einer einsetzenden Privatisierung staatlicher Institutionen, deren Begleiterscheinungen Meyns wie folgt konkretisiert: Eine solch fortschreitende Kriminalisierung könne im exzessiven Maße in Kleptokratie[66] münden.[67]

2.2 Messindikatoren staatlicher Handlungsautonomie

„Der Staat, dieses uns so vielfältig umgebende, beanspruchende und beschützende Gefüge menschlichen Zusammenlebens [...]"[68]: Zippelius' Staatsdefinition fordert heraus, nach der ideal verfassten Beschaffenheit des Staates zu fragen. Was muss der Staat als zentrale Ordnungsgewalt leisten? Und wie wird staatliche Handlungsautonomie gemessen? Gemäß Jellinek erstreckt sich der funktionelle Geltungsbereich des Staates zunächst über drei essentielle Merkmale: Staatsgebiet („Gebietskörperschaft"), Staatsgewalt („Herrschermacht") und Staatsvolk („eines sesshaften Volkes").[69] Die Determinanten einer funktionierenden Staatstätigkeit und ihre normativen

---

[63] Vgl. Meyns, Peter: Neopatrimonialismus. In: Mabe, Jacob E. (Hrsg.): A.a.O. S. 140 f. Künftig zitiert als „Meyns: Neopatrimonialismus".
[64] Schlichte, Klaus: A.a.O. S. 97. Analog erklären sich Günstlingswirtschaft und Nepotismus.
[65] Mutschler, Alexander: A.a.O. S. 63.
[66] Kleptokratie bezeichnet die eigennützige Plünderung staatlicher (öffentlicher) Einrichtungen (Implosion).
[67] Vgl. Meyns: Neopatrimonialismus. S. 141.
[68] Zippelius, Reinhold: A.a.O. S. 1.
[69] Vgl. Jellinek, Georg: Allgemeine Staatslehre. 3. Aufl. Bad Homburg 1960. S. 183. (Wesen des Staates).

Zielbestimmungen gründen im Wesentlichen auf diesen drei Interpretationen: Die *formalrechtliche* Minimaldefinition erfasst den Staat als territorial definierte Rechtsordnung bzw. als handlungsautonome Gebietskörperschaft. In *soziologischer* Hinsicht definiert sich der Staat vielmehr über Macht und Herrschaft, wobei er seine Staatsgewalt erst mit Herrschaft institutionalisiert und legitimiert. Als *normative* Legitimationsquelle von Staatsgewalt fungiert das Volk, die Nation oder, im afrikanischen Fall, die Ethnie, die eine auf den Staat bezogene Identität implizieren soll. Da jede einzelne Interpretation für sich genommen staatliche Ziele nur unzureichend erfasst, können erst alle drei Elemente in Ergänzung zueinander normative Indikatoren eines effektiven Staatswesens herleiten.

2.2.1 Juristische Interpretation: Territorialität und Legalität (souveräne Gebietskörperschaft)

Herrschaftsmacht ist im modernen Staat auf ein räumlich geschlossenes Staatsgebiet begrenzt, innerhalb dessen die Regierung mittel- und langfristig in der Lage sein muss, ihre Autorität zu festigen und ihre Regelungsbefugnisse effektiv auszuüben. Zippelius nennt dies auch „Gebietskörperschaft"[70], demzufolge ein fest umgrenztes Territorium die Basis für die Einheit eines hoheitlichen Herrschafts- und Rechtsverbandes bildet. Das senegalesische Territorium wird verfassungsrechtlich mit den Prinzipien der „nationalen Einheit" und der „Unverletzlichkeit territorialer Integrität" herausgehoben.[71] Der Einheit förderlich soll das Staatsterritorium schon deshalb sein, weil es sich als Gesamtgebiet mit erkennbaren Grenzen zwar in (administrativ eventuell unabhängige) Regionen untergliedert, die sich im Idealfall aber als zum Gesamtstaat zugehörig deklarieren. Demzufolge bedeutet Staatsgebiet symbolisch betrachtet auch „Heimat"[72].

Moderne Staatlichkeit bestimmt sich darüber hinaus über eine legitimierte Rechtsordnung.[73] Im Verfassungsstaat gründet sich Legalität auf ein gesetzlich geregeltes Zusammenleben der Bürger. Die senegalesische Ver-

---

[70] Zippelius, Reinhold: A.a.O. S. 93 f. Juristisch ist ein Staatsgebiet nach Raum oberhalb und unterhalb der Erdoberfläche, Land-, Fluss-, Binnengewässer- und Meeresgrenzen bestimmt. Auch Zartman nennt den Staat Territorialgebilde. Vgl. Zartman, William I.: Introduction: Posing the problem of state collapse. In: Ders.: Collapsed States. The disintegration and restoration of legitimate authority. SAIS African Studies Library. Colorado 1995. S. 5.

[71] Vgl. Senegalesische Verfassung, Präambel beispielsweise i.V.m. Art. 42.

[72] Zippelius, Reinhold: A.a.O. S. 97. Vgl. zum kulturellen Aspekt des Nationalstaatsgefüges, Abschnitt 2.2.3.

[73] Vgl. Jellinek, Georg: A.a.O. S. 162. „Da das Recht dem Staate wesentlich ist [...]."

fassung bekennt sich zu rechtsstaatlicher Regierungsweise durch Schlüssel-
sätze wie „ [...] die Konsolidierung eines Rechtsstaates, in dem der Staat
und die Bürger ausschließlich juristischen Normen unterliegen, unter der
Kontrolle einer unabhängigen und unparteiischen Justiz"[74].
Das für Staatlichkeit insgesamt entscheidende Kriterium ist aber, völkerrechtlich betrachtet, Souveränität oder, realpolitisch ausgedrückt, *Handlungsautonomie*. Seidelmann verweist in diesem Kontext auf Handlungsspielräume, „innerhalb derer der Nationalstaat die Inhalte, Instrumente,
Strategien und auch die Reichweite seiner Politik bestimmen kann"[75]. Der
Staat ist dem Unabhängigkeitspostulat zufolge ausschließlich sich selbst
unterworfen. Handlungsautonomie zeichnet sich nach außen durch den
Rechtsstatus eines internationalen Akteurs ab, der im Rahmen der Außen-
politik das Verhältnis zu anderen Staaten bestimmt. Nach innen prägt sie
hingegen das Verhältnis des Staates zur Gesellschaft. Für Senegal bietet
sich Jacksons Definition der negativen und positiven Souveränität an:
Hiernach entspreche negative Souveränität der formalrechtlich äußeren
Souveränität im Völkerrecht, während positive Souveränität den Gesamtbe-
reich staatlicher Regelungsbefugnis impliziere.[76] Mit nur negativer
Souveränität kann der Staat wesentliche Aufgaben schon nicht mehr erfüllen.

2.2.2 Soziologische Interpretation: Macht und Herrschaft (legitime Staatsgewalt)

Herrschaft impliziert Macht, Macht hingegen noch keine Herrschaft. Denn
die Ausübung von Herrschaft gelingt erst, wenn die ihr zu Grunde liegende
Macht institutionalisiert ist. Damit ist auch die Basis für Stabilität geschaffen.[77] Macht allein oder, wie Weber formuliert, die „Chance, innerhalb einer sozialen Beziehung den eigenen Willen auch gegen Widerstreben
durchzusetzen [...]"[78], rechtfertigt noch keine Staatsgewalt. Dass ein Staat
das Ziel der Machterlangung verfolgt, ist unter Machttheoretikern unum-

---

[74] Senegalesische Verfassung, Präambel.
[75] Seidelmann, Reimund: Souveränität. In: Nohlen, Dieter (Hrsg.): A.a.O. S. 675 f.
[76] Vgl. Mutschler, Alexander: A.a.O. S. 75 f. (Vgl. Jackson, Robert: Quasi States,
Sovereignty, International Relations and the Third World. Cambridge University Press.
Cambridge 1990. S. 27.)
[77] Vgl. Mutschler, Alexander: A.a.O. S. 73.
[78] Weber (1956): Wirtschaft und Gesellschaft. S. 28.

stritten, denn „wer Politik treibt, erstrebt Macht"[79], und Politik in letzter Instanz ist „immer Kampf um Macht"[80]. Auch ein „lang andauernder bewaffneter Aufstand ist eine Frage der Macht"[81]. Gukenbiehl und Kopp betrachten Macht als eine Form von Interessensdurchsetzung mit dem Ziel, gewisse Handlungen so zu beeinflussen, dass ein Überlegenheitsverhältnis erzielt wird.[82] Bei der Durchsetzung von Macht ist von Relevanz, wer im Konflikt mit anderen welche Interessen effektiv durchsetzt. Ebenso relevant ist, zu wessen Nachteil sich Abhängigkeit dabei ausprägt. Denn Macht bedeute laut Weber eine asymmetrische Relation zwischen mindestens zwei Handlungssubjekten. Dies präzisiert Dahl, indem er das Machtpotenzial von A über B in dem Ausmaße schildert, als dass A „B veranlassen kann, etwas zu tun, was er sonst nicht tun würde"[83]. Unter Machtressourcen subsumiert Maluschke soziales Prestige, Kompetenz, Überlegenheit, ökonomische Mittel, militärische Stärke oder physischen Zwang.[84] Coleman erkennt Macht an der Kontrolle oder Verfügungsgewalt über Ressourcen, die auch andere Akteure für sich beanspruchen.[85]

Herrschaftsausübung dagegen ist auf staatliche Funktionalität zurückzuführen. Herrschaft ist laut Mutschler, der Dahrendorf zitiert, als „integraler Bestandteil staatlicher und vorstaatlicher Organisation"[86] zu betrachten. Auch Leggewie bezeichnet Herrschaftsinstanzen sowohl als Ordnungsgarant als auch ein die sich verändernde Welt stabilisierendes Element.[87] Anders als bei Macht, wird Herrschaft nicht nur im Kontext einer asymmetrisch sozialen „Wechselbeziehung von Befehlsgebung und Gehorsamsleistung verstanden"[88]. Folgebereitschaft wird prinzipiell durch „Rechtmäßigkeit und

---

[79] Weber, Max: Staatssoziologie. Soziologie der rationalen Staatsanstalt und der modernen politischen Parteien und Parlamente. Hrsg. von Johannes Winckelmann. 2. ergänzte Aufl. Berlin 1966. S. 27. Künftig zitiert als „Weber: Staatssoziologie".

[80] Hanke, Edith / Mommsen, Wolfgang J.: Einleitung. In: Hanke, Edith / Mommsen, Wolfgang J.: Max Webers Herrschaftssoziologie. Studien zur Entstehung und Wirkung. Tübingen 2001. S. 6.

[81] Jean, François / Rufin, Jean-Christophe: Vorwort. In: Jean, F. / Rufin, J.-C. (Hrsg.): A.a.O. S. 9.

[82] Vgl. Gukenbiehl, Hermann L. / Kopp, Johannes: Macht. In: Schäfers, Bernhard (Hrsg.): Grundbegriffe der Soziologie. 8. überarbeitete Aufl. Opladen 2003. S. 210. Künftig zitiert als „Gukenbiehl / Kopp: Macht".

[83] Maluschke, Günther: Macht / Machttheorien. In: Nohlen, Dieter (Hrsg.): A.a.O. S. 400 f.

[84] Vgl. Ebenda. S. 401.

[85] Vgl. Gukenbiehl / Kopp: Macht. S. 210.

[86] Mutschler, Alexander: A.a.O. S. 65.

[87] Vgl. Leggewie; Claus: Herrschaft. In: Nohlen, Dieter (Hrsg.): A.a.O. S. 252.

[88] Ebenda. S. 251.

Erfolg"[89] geleistet. Es handelt sich um einen rationalen Herrschaftstyp[90], der durch den Glauben an Legalität konstituiert ist. Zwar muss der Staat im Ausnahmefall Herrschaft auch gewaltsam ausüben, aber eine lediglich unter Zwang monopolisierte Staatsgewalt genügt langfristig nicht, um Herrschaft zu installieren. Legitimität[91] ist damit notwendige Prämisse für Herrschaft und deren erfolgreiche Ausübung. Sie stellt die materielle Seite der Legalität dar, denn der rechtlich verfasste Staat ist das Gebilde, dessen Struktur mit der materiellen Ordnung der Bürger identisch ist. Durch Legitimität drückt sich die Glaubwürdigkeit bzw. die Akzeptanz des Systems durch die Bürger aus. Daran anknüpfend erhebt Mutschler die „legitime Ausübung von Herrschaft zur Garantie einer Ordnung"[92] zur relevantesten Staatsfunktion. Weber bezeichnet den Staat dahingehend als „ein auf das Mittel der legitimen [...] Gewaltsamkeit gestütztes Herrschaftsverhältnis"[93], in dem autoritativ bindende Entscheidungen gegenüber anderen gesellschaftlichen Subsystemen durchzusetzen sind. Für eine Analyse effizienter Staatstätigkeit erweisen sich diejenigen Herrschaftsfunktionen als relevant, in denen Herrschaft sowohl als Organisations-, Regelungs- und Steuerungsmacht als auch Integrations- und Strukturerhaltungsgarant fungiert.[94]

Staatsgewalt ist diejenige Schlüsselkategorie, für die Weber eine weitere Ausgangsdefinition liefert: „Staat ist diejenige menschliche Gemeinschaft, welche innerhalb eines bestimmten Gebietes [...] das Monopol legitimer physischer Gewaltsamkeit für sich (mit Erfolg) beansprucht."[95] Klein und Schubert verweisen dabei darauf, dass es sich bei Staatsgewalt zum einen um das Gewaltmonopol handele,[96] das ausschließlich den Staat ermächtige, zur Durchsetzung der Rechtsordnung physische Gewalt anzuwenden. Zum anderen umfasse sie Legislative, Exekutive[97] und Judikative. Für die Fallstudie weiterhin entscheidend ist, dass sich Staatsgewalt nach innen durch Grund- und Menschenrechte begrenzt.[98] Wie wichtig Staatsgewalt

---

[89] Ebenda.

[90] „Eine Herrschaft kann traditional oder rational durch besondere Mittel begrenzt und beschränkt sein." Weber (1956): Wirtschaft und Gesellschaft. S. 158.

[91] Zippelius präzisiert den Legitimationsbegriff, indem er von der „Billigungswürdigkeit" (normative Legitimation) der Staatsgewalt und „deren tatsächliche Billigung" (soziologische Legitimation) spricht. Zippelius, Reinhold: A.a.O. S. 127.

[92] Mutschler, Alexander: A.a.O. S. 56.

[93] Weber: Staatssoziologie. S. 28.

[94] Vgl. Gukenbiehl, Hermann L.: Herrschaft. In: Schäfers, Bernhard (Hrsg.): A.a.O. S. 127.

[95] Weber: Staatssoziologie. S. 27.

[96] Vgl. Klein, Martina / Schubert, Klaus: Das Politiklexikon. Bonn 1997. S. 276.

[97] obwohl auch die Exekutive wiederum nach innen physische Gewaltanwendung impliziert, deren Ausübung aber legislativ (und judikativ) abzusichern ist.

[98] Vgl. Ebenda. S. 276 f.

auch für die Erfüllung ordnungsstiftender Funktionen ist, betont Zippelius, indem er für „die Aufgabe, Rechtsfrieden und Rechtssicherheit zu gewähr- leisten, verlangt, dass die Inhaber staatlicher Rollen [...] das Monopol legi- timer physischer Gewalt gegen Gewalttätigkeit energisch und wirksam be- haupten"[99]. Wenn dies misslinge, verliere sowohl die Rechtsgemeinschaft ihr Fundament als auch die Staatsgewalt ihre Legitimität.

2.2.3 Kulturelle Interpretation: Nationalität und Ethnizität (Nationalstaat)

Neben Territorialität und Staatsgewalt ist Staatlichkeit mit den Staatsbür- gern, dem Staatsvolk, verknüpft, über die der Staat mit der Personalhoheit verfügt. Demnach ist Staatsgewalt „immer Herrschaft über Menschen, im Territorialstaat Herrschaft über das im Staatsgebiet lebende Volk [...]"[100], das in der Form von Individuen die politische Grundeinheit und persönli- che Grundlage des Staates bildet. Formal werden all diejenigen Bürger zum Staat gezählt, die im Besitz der Staatsangehörigkeit sind.[101] Für den Nationalstaat entscheidend ist aber die symbolische Zusammengehörigkeit der Staatsbürger. Eine umfassende, aussagekräftige Theorie afrikanischer Ethnizität und Nation existiert in der bisherigen Forschung nicht. Das, was eine Ethnie oder Nation konkret auszeichnet,[102] bleibt auf Grund der multiplen wissenschaftlichen Interpretationen umstritten. Fijalkowski stellt den Zusammenhang von Ethnie und Konflikt her, indem er auf den Wegfall des Ost-West-Kontrastes verweist: Dieser „hat im Gegenteil die ethnisch- kulturellen Konfliktpotenziale vieler Länder erneut und nur um so deutli- cher als ungelöste Probleme in den Vordergrund treten lassen"[103]. Ethnie bezeichnet laut Klein und Schubert eine individuell empfundene Gruppen- zugehörigkeit, die sich über Gemeinsamkeiten wie Sprache, Religion, Ge-

---

[99] Zippelius, Reinhold: A.a.O. S. 59.

[100] Ebenda. S. 81.

[101] Vgl. Mutschler, Alexander: A.a.O. S. 55 f. Nicht staatsangehörig ist die Wohnbevölkerung.

[102] „The idea of the state is the most abstract component [...], but also the most central." Buzan, Barry: A.a.O. S. 69.

[103] Fijalkowski, Jürgen: Bedingungen der Eskalation und Alternativen der Befriedung ethnischer Konflikte. Zum Problem der Rechtfertigung gewalttätig-militanten Verhal- tens von und gegenüber ethnisch-kulturell heterogenen Gruppen in der Staatenordnung. In: Voigt, Rüdiger (Hrsg.): Krieg - Instrument der Politik? Bewaffnete Konflikte im Übergang vom 20. zum 21. Jahrhundert. Baden-Baden 2002. S. 161. Künftig zitiert als „Fijalkowski: Eskalation".

schichte oder Tradition definiert.[104] Van Bredow nennt dies eine „kollektive Identität, die auch von dem Glauben an eine gemeinsame Herkunft gestärkt wird"[105]. Konstruktivistisch hingegen sind Identitäten unter Bezugnahme auf Anderson oder Rittberger als nur imaginär zu fassen:[106] Hiernach ließen sich ethnische und nationale Identitäten nicht mit objektiven Kriterien, sondern mit subjektiver Zuschreibung und Abgrenzung erschließen. Die Nation sei, so Anderson, eine konstruiert begrenzte[107], nicht naturgegebene politische Gemeinschaft. Er begründet diese These mit dem Verweis auf deren Bedeutungswandel: „Their meanings have changed over time."[108] Andersons Erkenntnis trifft auf nachkoloniale Staaten durchaus zu und deutet auf kulturellen Wandel „in Folge sozio-politischer, historischer Veränderung"[109] hin. Somit leistet der konstruktivistische Theorieansatz einen Beitrag dazu, Identität und Nationalstaatlichkeit zu erklären.[110] Da der Ausgangspunkt dieser Analyse ein ohnehin schwacher Staat ist, wird auch Nationalstaatlichkeit als fragil betrachtet. Dies lässt sich u.a. auf die Übertragung des europäischen Staatskonzeptes auf afrikanische Staaten mit der Prämisse „ein Staat = eine Nation" zurückführen, wodurch Identitätskrisen ausgelöst wurden: Ethnische Identifikationen blieben existent und / oder etablieren sich noch, nationalstaatliche Identifikationen sind und / oder bleiben rein formal. Um weder rein konstruktivistisch noch rein primordial argumentieren zu müssen - beide Theorieansätze reichen nicht aus, um das

---

[104] Vgl. Klein, Martina / Schubert, Klaus: A.a.O. S. 87. Ethnos [griechisch] bedeutet Volk, Volk-.

[105] Bredow, Wilfried von: Nation / Nationalstaat / Nationalismus. In: Nohlen, Dieter (Hrsg.): A.a.O. S. 454.

[106] Vgl. Anderson, Benedict: Imagined Communities. Reflections on the origin and spread of nationalism. Revised and extended edition. London / New York 1991. S. 4 ff. / Boekle, Henning / Rittberger, Volker / Wagner, Wolfgang (Center for International Relations / Peace and Conflict Studies, Institut für Politikwissenschaft, Tübingen): Norms and Foreign Policy. Constructivist Foreign Policy Theory. Nr. 34 a. Arbeitspapiere zur Internationalen Politik und Friedensforschung. [http://w210.ub.uni-tuebingen.de/dbt/volltexte/2000/141/pdf/tap34.pdf]. Stand 1999. 01.02.2004. S. 14.

[107] Vgl. Anderson, Benedict: A.a.O. S. 7. „The nation is imagined as limited […]." (7). „[…] that nationality, [...] nation-ess, as well as nationalism, are cultural artefacts of a particular kind." (4)

[108] Ebenda. S. 4.

[109] Mutschler, Alexander: A.a.O. S. 83.

[110] Fraglich ist, ob der Konstruktivismus (so Anderson, Barth, Gellner) die afrikanische Ethnie und Nation *hinreichend* erklären kann. Als lediglich ergänzender Theorienansatz wird er bereits hier und nicht mehr gesondert im Kapitel 3.2 vorgestellt. Evident ist aber auch, dass der primordiale Ansatz ebenso nicht ausreicht, um Identitäten zu klären. Hiernach werden objektive Kriterien zu Grunde gelegt wie z.B. erbliche Zugehörigkeit. Man unterscheidet bezüglich der beiden Ansätze daher „Objektivisten" und „Subjektivisten".

Identitätsproblem zu klären - werden beide Ansätze kombiniert[111]: Der Konstruktivismus erweist sich dann als hilfreich, wenn historischer Wandel, der subjektiv bewertet wird, im Mittelpunkt der Betrachtung steht. Da aber auch objektive Kriterien wie gemeinsame Herkunft, Traditionen, Geschichte und Sprache wiederum subjektiv empfunden werden, lässt sich auch der primordiale Theorieansatz integrieren bzw. differenzieren. Als Indikator für erfolgreiche Nationalstaatlichkeit gilt bei alledem ein Mindestmaß an Verbundenheit der Bürger, die der Staat durch entsprechende Maßnahmen zu schaffen und zu festigen hat.

In zahlreichen nachkolonialen Staaten drückt sich Konkurrenz um Ämter, Ansehen, Bildung, Einkommen oder Infrastruktur in ethnischen Konflikten aus. Das liegt zum einen daran, dass Ressourcen in den betroffenen Gebieten ungleich verteilt sind. Zum anderen hat die klientelistische Kolonialpolitik erheblich dazu beigetragen, dass die genannten Unterschiede in vorrangig ethnischen (und damit regionalen) Wahrnehmungsmustern ihren Ausdruck finden.[112] Wenn der Staat laut Lentz „zu einem nach ethnischen Gesichtspunkten funktionierenden klientelistischen System"[113] wird und damit Konflikte provoziert sowie politisiert werden, handelt es sich gemäß Osterhammel[114] um rein formale Nationalstaaten, denen es am materiellen Inhalt der Nation mangelt. Ein stabiler Nationalstaat spiegelt die Kongruenz von ethnischer bzw. nationaler Gemeinschaft und territorialer Herrschaft wider. Mutschler betrachtet diese Kongruenz als eine spezifische Verknüpfung aus Staatsvolk und Staatsgewalt, so dass im Idealfall staatliche und nationale Identität zusammenfallen.[115] Daraus ergibt sich, dass sich staatliche Herrschaft erst über die Nation, die vom Staatsvolk gebildet und getragen wird, legitimiert. Auch die senegalesische Verfassung impliziert Elemente zur Etablierung ihrer Nation: So verweist sie auf „nationale Einheit", „Fundamente, die es zur Konsolidierung der Nation zu stärken gilt" und „patriotisches Engagement der Bürger"; die Devise „ein Volk, ein Ziel, ein Glaube"[116] determiniert die Festigung einer Nation als verfassungsrechtliche Zielbestimmung. Demnach ist die Nation als „Quelle der Legitimation der Staatsgewalt"[117] *das Schlüsselprinzip* für Staatlichkeit. Wird das Nationengefüge brüchig, fehlt der staatlichen Herrschaft die

---

[111] und ein „dritter Weg" eröffnet, der bestimmte Kategorien für eine Interpretation anbietet. Es soll aber nicht weiter auf die Nation-Ethnie-Debatte eingegangen werden, da diese Arbeit nicht nur „Identitäten" in den Blick nimmt (nehmen soll).

[112] Vgl. Lentz, Carola: Ethnizität. In: Mabe, Jacob E. (Hrsg.): A.a.O. S. 54.

[113] Ebenda.

[114] Vgl. Osterhammel, Jürgen: A.a.O. S. 77.

[115] Vgl. Mutschler, Alexander: A.a.O. S. 84.

[116] Senegalesische Verfassung, Präambel i.V.m. Art. 1 Abs. 3.

[117] Mutschler, Alexander: A.a.O. S. 83. Auch die folgenden Aussagen basieren auf Mutschlers Studie.

Rechtfertigung. Normativ leitet Mutschler daraus die staatliche Aufgabe ab, eine auf den Staat bezogene Identität zu schaffen. Zu erreichen ist dies durch adäquate Integration möglichst aller Bevölkerungsgruppen in das Gesamtsystem politischer Entscheidungen, unabhängig von den Kriterien, nach denen sie sich als zum Staat zugehörig definieren. Integration ist bei effizienter Staatstätigkeit immer wieder neu zu garantieren.[118] Ein dem Nationalstaatsprinzip zuwider laufender Faktor ist innerstaatlicher Regionalismus, so dass zu analysieren ist, ob und inwieweit die ohnehin fragile Nation dadurch einer Schwächung oder einem Zerfall ausgesetzt wird.

2.3 Staatsinstabilität: Eingeschränkte Handlungsautonomie - Messindikatoren für die wissenschaftliche Bewertung

Vor dem Hintergrund dieser drei Interpretationen von Staatlichkeit liegt eingeschränkte Handlungsautonomie dann vor, wenn der Staat a) *territorialrechtlich* erodiert, b) in seiner *Herrschaft* beeinträchtigt und c) in seiner symbolischen Legitimität der *Nation* in Frage gestellt wird. Damit wird Mutschlers Definition von Staatsschwäche um Territorialität und Nationalität erweitert, denn im Mittelpunkt seiner Studie stehen die Determinanten Macht und Herrschaft: „[...] Kann man von Staatszerfall sprechen, wenn es in einem bestehenden Staat nicht mehr möglich ist, eine [...] entsprechende Herrschaft auf Dauer zu organisieren."[119] Ein derartig beschaffener Staat delegitimiert sich. Aber „Legitimität ist ein weiteres Kriterium für den Bestand oder Zerfall eines Staates"[120]. Ebenso erkennt Schlichte das Problem afrikanischer Staaten und deren politischen Systeme darin, Legitimation zu erreichen und zu festigen.[121] Mit dem Niedergang von Herrschaft geht auch die Stabilität des Gesamtsystems verloren. Denn Prämisse für Stabilität ist, dass das Herrschaftssystem für bestimmte Zeit manifestiert ist. Für Staaten wie Senegal, die *ohnehin schwach* sind, ist mangelnde Stabilität problematisch, da dadurch Entmilitarisierungs-, Institutionalisierungs- und Demokratisierungsprozesse insgesamt verzögert werden.

---

[118] Vgl. Ebenda. S. 84.
[119] Ebenda. S. 47. Mutschler legt jedoch den Terminus „Staatszerfall" statt Staatsschwäche zu Grunde. Die Kriterien „Territorialität" und „Nationalität" erläutert er, macht sie jedoch nicht zum zentralen Analysegegenstand seiner Fallstudien.
[120] Ebenda. S. 49. (Vgl. Abschnitt 2.2, insbesondere 2.2.2.)
[121] Vgl. Schlichte, Klaus: A.a.O. S. 95.

Zwar stehen handlungsunfähige Regierungen nicht gleich für den Niedergang staatlicher Strukturen, aber sie stellen einen Indikator von Staatsinstabilität unter den genannten dar. Denn eine instabile Regierung ist auf geringe Handlungsautonomie bzw. auf ein Machtvakuum zurückzuführen. Wie wichtig Macht für die Erfüllung staatlicher Aufgaben ist, hebt Mutschler hervor: „Um als Handlungseinheit gegen interne und / oder äußere Konkurrenten bestehen [...] und seine Aufgaben, insbesondere die der inneren Friedenssicherung gewährleisten zu können, muss der Staat notwendigerweise auch Machteinheit sein."[122] Zahlreiche hoheitliche Funktionen von der Verkehrsregelung über Grenzschutz bis hin zur Gesetzgebung sind bei eingeschränkter Macht kaum auszuüben. Rufin zufolge geht die Schwächung des Nationalstaates mit einem Kontrollverlust und einer Kriminalisierung sowohl in der Wirtschaft als auch in der politisch-rechtlichen Sphäre einher. Rebellen profitieren daher vom „Rückzug des Staates und setzen sich nicht selten zum Ziel, diesen zu beschleunigen"[123]. Daher werden sowohl staatliche Funktionen als auch staatliche Prinzipien wie die territoriale Einheit durch gewaltsam ausgetragene und lang andauernde Bürgerkriege erheblich beeinträchtigt. Denn die Kriegsparteien „kontrollieren jeweils bestimmte Teile des Territoriums, und die Kriegssituation lässt weder eine gesamtstaatliche Ordnung noch die Verwirklichung von staatlichen Aufgaben zu"[124]. Eine destruktive Wirkung von lang anhaltenden Kriegen auf den Staat beweist nicht nur Daase, sondern auch Münkler am Exempel des Staates Afghanistan, in dem die über zwei Jahrzehnte wütenden Kriege sämtliche Staatsstrukturen zersetzt haben.[125] Inwieweit kriegerische Gewalt staatliche „Quasi-Souveränität"[126] mitbestimmt, ist vom Einfluss ihrer destruktiven Effekte auf den Staat abhängig.

---

[122] Mutschler, Alexander: A.a.O. S. 48. Diese Erkenntnis wird besonders durch die soziologische Interpretation [Macht und Herrschaft] herausgestellt. (Vgl. 2.2.2.)

[123] Rufin: Kriegswirtschaft. S. 27.

[124] Mutschler, Alexander: A.a.O. S. 45.

[125] Vgl. Münkler, Herfried: Die neuen Kriege. Reinbek bei Hamburg 2003. S. 166. Künftig zitiert als „Münkler: Kriege".

[126] Daase, Christopher: A.a.O. S. 248. Vgl. auch im Folgenden den Abschnitt 3.3.1 (Prozesscharakter).

3 Problembestandsaufnahme, theoretischer Rahmen und Hypothesenbildung

Der Problembestand, der Anknüpfungspunkt für die Herstellung des Kausalzusammenhangs von Staatsinstabilität und Guerillakrieg ist, lässt sich aus der neuen Erscheinungsform kriegerischer Gewalt ableiten. Vor dem Hintergrund dieser aktuellen Kriegscharakteristika ist instabile Staatlichkeit im Lichte einer Theorienkombination zu fokussieren. Um daraus eine Arbeitshypothese zu entwickeln, ist die Wirkung der Kleinkriegsführung mit der Staatstätigkeit in Beziehung zu setzen, um zu ermitteln, inwieweit die unabhängige Variable die abhängige bestimmt. Spezifische Teilhypothesen, die ihrer Einteilung nach auf theoretischen Grundlagen von Buzan[127] beruhen, führen auf die Fallstudie hin.

3.1 Problembestand: Der innerstaatliche Guerillakrieg - die unabhängige Variable

In „Zeiten von internationalem Terrorismus, asymmetrischer Kriegsführung und Failing States"[128] verändern sich „die Formen der Kriegsführung", denn „neben staatlichen Armeen treten verstärkt private Militärunternehmen, Paramilitärs, [...] Privatarmeen und Söldner"[129]. Meyers stellt trotz völkerrechtlicher Definitionen Ungewissheit über das Wesen des Krieges fest.[130] So ist offensichtlich, dass die Grenzen zwischen Kämpfern und Nichtkombattanten, Soldaten und Polizisten, Kriminellen und maßlos Gewalttätigen verblassen.[131] Münkler spricht „von lokalen Warlords und Guerillagruppen über weltweit operierende[n] Söldnerfirmen bis zu internationalen Terrornetzwerken [...]"[132], für die Krieg eine dauerhafte Betäti-

---

[127] Vgl. Buzan, Barry: A.a.O. S. 65-96. (Schaubild Staatskomponenten S. 65 seines Buches.)

[128] Schäuble, Wolfgang: Außenansicht. Die neue Balance der Abschreckung. In: SZ. A.a.O.

[129] Azzellini, Dario / Kanzleiter, Boris: Einleitung. Das Unternehmen Krieg. In: Azzellini, Dario / Kanzleiter, Boris (Hrsg.): Das Unternehmen Krieg. Paramilitärs, Warlords und Privatarmeen als Akteure der Neuen Kriegsordnung. Berlin 2003. S. 7.

[130] Vgl. Meyers, Reinhard: Begriff und Probleme des Friedens. Grundwissen Politik 11. Opladen 1994. S. 25. Künftig zitiert als „Meyers: Frieden".

[131] Vgl. Kaldor, Mary: Neue und alte Kriege. Organisierte Gewalt im Zeitalter der Globalisierung. 1. Aufl. Frankfurt a. M. 2000. S. 14.

[132] Münkler: Kriege. S. 7.

gung bietet. Relevant ist besonders die Frage, warum sich gerade diese Art von Krieg destruktiv auf den Staat auswirkt. Im Mittelpunkt der Analyse steht dabei die These Daases, dass gerade *asymmetrische* Konfliktstrukturen zwischen Staat und Rebellen zu „einem unkonventionellen Kleinen Krieg"[133] führen, der zur Verwundbarkeit des Staates erheblich beitrage.

3.1.1 Aktuelle Kriegsdefinitionen - Kriege im Strukturwandel

Unterhalb der Kriegsschwelle lässt sich zunächst das Phänomen des Konfliktes identifizieren, der als „Ausdruck widerstreitender individueller und / oder gesellschaftlicher Interessen"[134] zu verstehen ist. Im Konflikt wird die „Inkompabilität zwischen Zielsetzungen oder Wertvorstellungen von Akteuren"[135] deutlich, die sich in einer Konkurrenzsituation[136] in einem gesellschaftlichen System zeigt. Den Krieg grenzt Gantzel mit Bezug auf István Kende[137] explizit „von anderen Formen kollektiven Gewalthandelns wie spontanen, unorganisierten Unruhen, Terroraktionen, Massenmorden [...]" und „gelegentlichen Grenzschießereien"[138] ab. Erweiternd ordnet die AKUF[139] den Kämpfen dann einen Kriegsstatus zu, wenn zwei oder mehrere bewaffnete Streitkräfte beteiligt sind, bei denen mindestens eine Kriegspartei eine reguläre Regierungsarmee[140] ist. „Planmäßige Überfälle"[141] gelten bereits als Element zentral gelenkter Kriegsführung und treffen auf zahlreiche Guerillakriege zu. Darüber hinaus prägen kontinuier-

---

[133] Daase, Christopher: A.a.O. S. 94 f.

[134] Meyers: Frieden. S. 28. Die Begrifflichkeiten „Krise" und „Gewalt" werden, obwohl sie von Bedeutung sind, auf Grund des begrenzten Umfangs dieser Arbeit nicht weiter erläutert. Vgl. dazu Meyers: S. 32 f.

[135] Galtung, Johan: Strukturelle Gewalt. Beiträge zur Friedens- und Konfliktforschung. Hamburg 1975. S. 110.

[136] An dieser Stelle ist die politikwissenschaftliche Schlüsselkategorie der „*politics*" [Prozesse] relevant, in deren Rahmen sich der Macht- und Interessenkampf zwischen Staat und Guerillakämpfern erklären lässt.

[137] ungarischer Friedensforscher (1917-1988)

[138] Gantzel, Klaus Jürgen: Krieg. In: Nohlen, Dieter (Hrsg.): A.a.O. S. 372. Künftig zitiert als „Gantzel: Krieg".

[139] Die Arbeitsgemeinschaft Kriegsursachenforschung (AKUF, Universität Hamburg) bearbeitet unter Siegelberg, Schlichte i. V. m. Jung (Copenhagen Peace Research Institute, COPRI) das Thema Krieg.

[140] demnach Militär, paramilitärische Verbände oder Polizeieinheiten. Vgl. AKUF: Aktuelle Kriege und bewaffnete Konflikte. Das Kriegsgeschehen 2002 (Überblick). [http://www.sozialwiss.uni-hamburg.de/publish/Ipw/Akuf/kriege_aktuell.htm]. Universität Hamburg. Stand Dezember 2002. 01.12. 2003.

[141] Ebenda. [Kriegsdefinition]. Auch die folgenden Aussagen basieren auf Definitionen der AKUF.

lich bewaffnete Zusammenstöße, in denen meist Planmäßigkeit erkennbar ist, den aktuellen Krieg. Trotz dieser realpolitischen Einordnung aktueller Kriegsmerkmale fällt eine Definition nicht leicht: „Ist es unter solchen Bedingungen überhaupt noch sinnvoll, am Begriff des Krieges als einer zusammenfassenden Bezeichnung großräumig organisierter Gewalt festzuhalten?"[142] Münklers Frage zielt darauf ab, dass der heutige Krieg von Gewalt und organisierter Kriminalität dominiert wird. Der innerstaatliche „Kleine Krieg"[143] kommt seinem Wesen nach Bezeichnungen nahe wie Guerilla- oder Bürgerkrieg sowie „Krieg[e] geringer Intensität"[144], denn sie alle verweisen auf den vergesellschafteten Kriegscharakter mit vorherrschender Guerillataktik. Münkler und Kaldor hingegen verwenden unter identisch hergeleiteten Merkmalen die Begrifflichkeit „neue Kriege", obwohl das Neue an den Kriegen fraglich sei.[145] Unter Verwendung der Bezeichnung „Kleiner Krieg" nimmt Voigt eine Spezifizierung vor, indem er den Volks- und Partisanenkrieg[146] nennt. Da Marodeure durch Gemetzel und systematische Vergewaltigungen den heutigen Krieg prägen, leitet Sofsky daraus den „Wilden Krieg" ab. Dieser führe sich „um seiner selbst willen"[147], da er mit Privatisierungstendenzen einhergeht, durch die die staatliche Ordnungsmacht unterlaufen wird. Es handele sich um „molekulare Kriege", wie Pfetsch Enzensberger zitiert und beispielhaft mit Liba-

---

[142] Münkler: Kriege. S. 11. „Was als Krieg zu bezeichnen ist [...], ist spätestens seit dem 11. September 2001 keine innerakademische Frage mehr, sondern eine Entscheidung von womöglich weltpolitischer Relevanz."

[143] Daase unterscheidet zwischen „Großen Kriegen" (bis 1945) und „Kleinen Kriegen". Erstere umfassen die zwischenstaatliche Kriegsform zwischen regulären Berufsarmeen souveräner Staaten. Kleine Kriege hingegen repräsentieren eine Kriegsform zwischen ungleichen Akteuren wie z.B. zwischen Staat und Rebellen. Der Begriff des „Kleinen Krieges" sei aber nicht als „Euphemismus" zu verstehen. Vgl. Daase, Christopher: A.a.O. S. 11 ff.

[144] „Low-Intensity-Conflicts". Ehrke, Michael: Zur politischen Ökonomie post-nationalstaatlicher Konflikte. Literaturbericht der Friedrich-Ebert-Stiftung. Internationale Politikanalyse. Bonn 2002. [http://library.fes.de/fulltext//id/01184.htm]. Stand März 2002. 02.12.2003. S. 1.

[145] Vgl. Kaldor, Mary: A.a.O. S. 8. / Vgl. Münkler: Kriege. S. 9. „Angesichts der Unübersichtlichkeit der Konfliktgründe und Gewaltmotive bevorzuge ich den unscharfen, aber offenen Begriff der neuen Kriege, wobei ich mir [...] im Klaren bin, dass sie so neu eigentlich gar nicht sind [...]." (9)

[146] Partisanen- und Guerillakrieg seien zwar identisch; der Ausdruck „Guerillakrieg" sei aber aktueller. Vgl. Voigt, Rüdiger: Entgrenzung des Krieges. Zur Raum- und Zeitdimension von Krieg und Frieden. In: Ders. (Hrsg.): A.a.O. S. 316. Künftig zitiert als „Voigt: Entgrenzung".

[147] Sofsky, Wolfgang: Zeiten des Schreckens. Amok, Terror, Krieg. Frankfurt a. M. 2002. S. 148.

non, Somalia, Sudan oder Afghanistan belegt.[148] Trotz dieser Bezeichnungsvielfalt weisen alle Charakteristika auf strukturelle Veränderungen hin. Unbestimmte Zeit-, Ziel- und Raumfaktoren stehen für einen fundamentalen Wandel, so dass Krieg „nicht länger als ein fixierter Zustand"[149] zu verstehen ist. Krieg bedeutet nicht mehr nur die „bloße Fortsetzung der Politik mit anderen Mitteln"[150], sondern hat sich vom Objekt als bloßes Politikinstrument zum Subjekt von Politik gewandelt: „Kriege [...] *werden nicht* mehr geführt, sondern *sie schwelen vor sich hin.*"[151]

3.1.2 Kriegsakteure, Konfliktstruktur und Kriegsführung

Da Staaten „als die faktischen Monopolisten des Krieges abgedankt"[152] haben, muss von veränderten Akteuren und Strukturen in der Kriegsführung ausgegangen werden. *Rebellen*, auch Guerilleros[153] genannt, bilden die Hauptakteure der aktuellen Kriege, wobei nicht mehr klar zu erfassen ist, ob sie ideelle und / oder materielle Interessen verfolgen. Münkler betont, dass es sich um eine „Gemengelage aus Werten und Interessen"[154] handelt, die durch die Existenz zahlreicher Interessengruppen immens vielschichtig und undurchsichtig bleibt. So kann gefolgert werden, dass aus originär politisch motivierten Autonomie- und Sezessionsbewegungen im Kriegsprozess „Kriegsherrentum"[155] mit ökonomischen Zielen entstehen kann.[156] Vor dem Hintergrund des Verlustes staatlicher Autorität treten im Krieg „paramilitärische Einheiten, örtliche Kriegsfürsten, kriminelle Banden, Polizeikräfte, Söldnergruppen wie auch reguläre Streitkräfte und abtrünnige Ein-

---

[148] Vgl. Pfetsch, Frank R.: Globale Wandlungen im Konflikt- und Kriegsgeschehen. War das 20. Jahrhundert ein kriegerisches? In: Voigt, Rüdiger (Hrsg.): A.a.O. S. 231.

[149] Daase, Christopher: A.a.O. S. 85.

[150] Clausewitz, Carl: Vom Kriege. Hrsg. v. Grassi, E. / Hess, W. 11. Aufl. Reinbek bei Hamburg 2002. S. 22.

[151] Münkler: Kriege. S. 60. Münkler entkräftet damit die Kriegsbetrachtung von Clausewitz und führt Van Crevelds Zukunftsszenarien an. [Vgl. Creveld, Martin van: Die Zukunft des Krieges. München 1998. S. 94 ff und S. 281 ff., sowie ders., Aufstieg und Niedergang des Staates. München 1999. S. 373 ff.]

[152] Münkler: Kriege. S. 7.

[153] Ursprünglich verwies der Begriff „Guerilleros" auf Untergrundkämpfer in Lateinamerika. Da es sie jedoch in allen Teilen der Welt gibt, wird der Begriff (synonym für Rebellen) auch in diesem Zusammenhang verwendet.

[154] Münkler: Kriege. S. 10.

[155] Aus dem Englischen („warlodism") übersetzt. Reno, William: Welthandel, Warlords und die Wiedererfindung des afrikanischen Staates. Welt Trends Heft 14. [http://www.bpb.de/files/D64RWG.pdf]. Stand 1997. 04.12.2003. S. 14.

[156] Vgl. Meyns, Peter: Rebellenbewegungen. In: Mabe, Jacob E. (Hrsg.): A.a.O. S. 161. Künftig zitiert als „Meyns: Rebellenbewegungen".

heiten"[157] derselbigen auf. Unter ihnen profitieren laut Münkler besonders lokal oder überregional agierende „Warlords", deren primäres Ziel ihre Existenzsicherung durch Anwendung von Gewalt sei. Aber es gehe ihnen auch um den „Erwerb von Gütern, Dienstleistungen und Rechtstiteln"[158]. Ihre Handlungsräume erstrecken sich auf rechtsfreie und von Gewalt dominierte Kriegswirtschaften[159], die sich systematisch staatlicher Kontrolle entziehen. Als Rekrutierungsbasis eignen sich sowohl „die urbanen Teilkulturen von Jugendlichen"[160], denen sich durch Arbeitslosigkeit[161] und dadurch bedingter Armut keinerlei Perspektiven mehr bieten, als auch Flüchtlinge aus den kriegsbedingten Flüchtlings- und Notlagern. Ebenso lassen sich Kindersoldaten[162] mit ihrem gering ausgebildeten „Risikobewusstsein"[163] als kostengünstiges Kriegsinstrument für den Kampf heranziehen. Dadurch, dass diese jugendliche Kämpferkultur weder professionalisiert an der Waffe ausgebildet noch einer zentralisierten Befehlsstruktur untergeordnet ist, zeichnet sich ein erhöhtes Brutalitätspotenzial[164] ab.

Demzufolge bestimmen die Akteure die Struktur, die ihnen erst die genannten Handlungsräume für den Modus der Kriegsführung bietet. Dieses Schema „*Akteure - Struktur - Taktik*" ist der Schlüssel zu Daases Vergesellschaftungsansatz. Die asymmetrische Kriegstaktik basiert auf einer wiederum asymmetrischen Konfliktstruktur: Guerillakriege lassen sich juristisch nicht erfassen, denn sie unterliegen nicht dem innerstaatlichen, zwischenstaatlichen oder internationalen Recht. Demzufolge agieren die privaten Kämpfer „illegitim"[165]. Das juristische Vakuum lässt sich darüber hinaus auf die Bestimmung von Krieg und Frieden zurückführen, denn Münkler und Daase[166] betonen, dass die neuen Kriege weder Anfangs- noch Endpunkt aufweisen. Aber auch die jeweiligen Kriegsparteien lassen sich kaum voneinander abgrenzen, denn es gibt keine klaren Fronten mehr

---

[157] Kaldor, Mary: A.a.O. S. 19.

[158] Münkler: Kriege. S. 35.

[159] Vgl. Debiel: Kriege / Bürgerkriege. S. 108.

[160] Münkler: Kriege. S. 35.

[161] „Da in vielen afrikanischen Ländern mehr als die Hälfte aller Jugendlichen erwerbslos sind [...]." Seibert, Thomas: Die neue Kriegsordnung. Der globale Kapitalismus und seine barbarisierte Rückseite. In: Azzellini, D. / Kanzleiter, B. (Hrsg.): A.a.O. S. 21.

[162] Vgl. Voigt: Entgrenzung. S. 328. Weltweit gibt es etwa 300 000 Kindersoldaten, davon in Afrika allein 120 000.

[163] Münkler: Kriege. S. 36.

[164] Vgl. Ebenda. S. 39. Auch Voigt bestätigt erhöhte Gewalt gegen die Zivilbevölkerung [Vergewaltigungen, Folterungen, Massenerschießungen]. Vgl. Voigt: Entgrenzung. S. 322.

[165] Daase, Christopher: A.a.O. S. 95.

[166] Vgl. Ebenda. / Münkler: Kriege. S. 27.

zwischen den Kämpfern.[167] Staatlicher Autorität bereits entzogen sind diese Kriege auch daher, weil sie nur äußerlich lokal begrenzt sind. Da die Kriegsakteure in ein Netzwerk internationaler Kriminalität und organisierter Gewalt eng verflochten sind,[168] beschleunigen sich Transnationalisierungstendenzen. In dieser Kriegsökonomie etablieren sich „lukrative Nischen"[169], in denen „der Krieg zur Lebensform wird"[170]. Daraus erklärt sich die Persistenz der Kriege. Denn dort, wo staatliche Macht unterminiert wird und herrschaftsfreie Räume entstehen, entscheiden diejenigen mit der größten Gewaltbereitschaft über den Kriegs- und Friedenszustand.[171] Begleiterscheinungen dieser Brutalität spiegeln sich in vielfältigen Formen von Elend wider, das sich in Flüchtlings- und Nothilfelagern ausdrückt. Strukturbestimmend ist im Vergleich zu bisherigen Kriegen eine irreguläre Kriegstaktik: Guerilleros praktizieren das „Niederwerfen des Gegners"[172] nicht (nur) durch Frontstellung gegen den Staat, sondern auch gegen die Zivilbevölkerung.[173] Durch diesen Unterscheidungsmangel von Zivilisten und Kombattanten leiten sich Guerillataktiken ab: „Sofern sie [bewaffnete Banden] überhaupt kämpfen, bevorzugen sie die Gefechtsweise des Irregulären: [...] Hinterhalt, Überfälle, Tretminen."[174] Boniface folgert daraus die Verweigerung der vom Gegner determinierten Kampfregeln.[175]

3.1.3 Der ethnopolitisierte und ethnoregionalisierte Krieg (Politisierungsvariable)

Wenn Nahostexperte Tibi folgert, dass „der Mangel an nationalstaatlicher Substanz [...] die Hauptursache für ethnopolitisierte Konflikte in den meis-

---

[167] Vgl. Voigt: Entgrenzung. S. 330.

[168] Vgl. Kaldor, Mary: A.a.O. S. 8. / Münkler: Kriege. S. 31.

[169] Debiel: Kriege / Bürgerkriege. S. 108.

[170] Münkler: Kriege. S. 29.

[171] Vgl. Ebenda. S. 27. Grausame Gewaltanwendung nennt auch Bolling. Vgl. Bolling, Michael: Zur Ökonomie des Krieges. Die Gewalt und die Geschäfte der afrikanischen Warlords. Aus: Frankfurter Rundschau. 09.01.2001. [http://www.uni-kassel.de/fb10/frieden/themen/Privatkriege/kriegsherren]. 02.12.2003. S. 5.

[172] Clausewitz, Carl: A.a.O. S. 13.

[173] Der Prozentsatz der getöteten und verletzten Zivilisten beträgt 80 %. Vgl. Münkler: Kriege. S. 28.

[174] Sofsky, Wolfgang: A.a.O. S. 152.

[175] Vgl. Boniface, Pascal: Les guerres de demain. Editions du Seuil. Paris 2001. S. 149. [Guerres asymétriques].

ten der 55 islamischen Staaten"[176] sei, dann trifft das - wenn auch in abgewandelter Form - ebenso auf Senegal zu. Zahlreiche Wissenschaftler sind sich darin einig, dass ethnische Zugehörigkeiten „noch nicht eo ipso Quelle für Konflikte"[177] seien. So beurteilt Müller Huntingtons kulturalistischen Ansatz äußerst kritisch, indem er anmerkt, dass sich ein „Kampf der Kulturen" keinesfalls abzeichne.[178] Ursächlich gelten „ethnoregionalistische Konflikte"[179], wie Tetzlaff sie benennt, tendenziell als komplex: Ethnisch kulturelle Zugehörigkeiten können vom Staat und dessen Subsystemen insofern politisiert und regionalisiert werden, dass in der Gesellschaft bestimmte Lebenschancen nur in ungleichem Maße gewährt werden. Somit determiniert der Staat Zugangskanäle zu Bildung, Politik und Administration, Status, sozialen Rechten bis „zur Aufenthaltsgenehmigung"[180] nach rein ethnischen Kriterien. Wird Ungleichbehandlung unter den verschiedenen im Staat lebenden Ethnien so drastisch seitens der Regierung praktiziert oder zugelassen, kann durch den Einsatz militanter Mittel ein Bürgerkrieg entstehen, in dem die Legitimationsbasis der staatlichen Gesamtordnung brüchig wird. Für Fijalkowski ist dieses Phänomen eine Konflikteskalation von einer ethnisch-kulturellen zu einer ethno-nationalen Ausrichtung.[181] Zurückzuführen sei dies auf stark ausgeprägte Solidaritäten von „substaatlichen[r] Stammes- oder parastaatlichen[r] Banden [...]"[182], die staatliche Strukturen latent unterlaufen. Vor dem Hintergrund, dass sich Identität „hauptsächlich ethnisch begründet"[183], etablieren sich Partikularitäten, die Nationalstaatlichkeit delegitimieren. Dies wird dadurch verstärkt, dass sich Bevölkerungsgruppen innerhalb des Staates mit Sezessionsbestrebungen soweit emanzipieren, dass sie sich als eigene Nation deklarieren.

---

[176] Tibi, Bassam: Die neue Weltunordnung. Westliche Dominanz und islamischer Fundamentalismus. 3. aktualisierte Aufl. München 2001. S. 256. Der Senegal ist auch islamisch, so dass Parallelen vorhanden sind. Künftig zitiert als „Tibi: Weltunordnung".
[177] Fijalkowski: Eskalation. S. 164. Ebenso vgl. Lentz, Carola: Ethnizität. In: Mabe, Jacob E. (Hrsg.): A.a.O. S. 54 f.
[178] Vgl. Müller, Harald (Hessische Stiftung Friedens- und Konfliktforschung, HSFK): Der Mythos vom Kampf der Kulturen. Eine Kritik an Huntingtons kulturalistischer Globaltheorie. [http://www.dse.de/zeitschr/ez1098-4.htm]. Stand November 1998. 05.11.2003. S. 1.
[179] Tetzlaff: Ethnische Konflikte. S. 50.
[180] Fijalkowski: Eskalation. S. 165.
[181] Vgl. Ebenda. S. 163.
[182] Ebenda. S. 177.
[183] Tibi: Zivilisationen. S. 72.

3.1.4 Autonomie und Sezession (Separatismus)[184]

Autonomie- und Sezessionsbestrebungen gelten heute sehr häufig als Konfliktgegenstand und Zielbestimmung innerstaatlicher kriegerischer Gewalt, wie beispielsweise Debiel und Meyns herausarbeiten.[185] Während Autonomieforderungen aushandelbare Teilunabhängigkeiten und Hoheitsrechte „bei Forterhaltung einer gegebenen Staatszugehörigkeit"[186] umfassen, wobei das Staatswesen in seinen obersten Leitlinien unter Einschränkungen noch akzeptiert wird, verlangt Sezession die völlige Loslösung vom bisherigen Staat. Separatstaatlichkeit geht mit uneingeschränkter Souveränität einher und impliziert das Recht, sowohl die Zutrittsbedingungen zum Territorium festzulegen als auch die jeweilige territoriale Integrität mit dem Privileg der Waffenführung zu verteidigen.[187] Im Fall von Sezession wird der Staat zum einen in seiner nationalstaatlichen Legitimität, zum anderen in seiner territorialrechtlich definierten Existenz unterminiert. Denn diejenigen Konfliktparteien wie die um Unabhängigkeit kämpfenden Guerilleros „kontrollieren jeweils bestimmte Teile des Territoriums"[188] und wenden häufig terroristische Mittel[189] an, um ihre nationalistischen Ziele zu erreichen. Eine solche Bürgerkriegssituation hindert den Staat an einer effektiven ordnungspolitischen und friedensstiftenden Aufgabenerfüllung, was Mutschler exemplarisch am Sudan belegt. Im Umkehrschluss treten Sezessionsbewegungen „in einem wirksam als rechtsstaatlicheliche Demokratie verfassten Staatsverband"[190] nicht auf, denn dort, wo der Staat seinen Pflichten nachkommt, Rechte gewährt und Benachteiligungen vermeidet, formieren sich substaatliche Bewegungen erst gar nicht. Darauf verweist auch Gantzel, denn seiner Einschätzung nach treten Sezessionskriege in

---

[184] Separatismus (lat.) bedeutet das Bestreben nach Loslösung aus einem bestimmten Staatsgebiet oder, wie Boniface es ausdrückt, der Wille, sich von den „anderen" loszulösen. Vgl. Boniface, Pascal: A.a.O. S. 143.

[185] Vgl. Debiel: Krisenregionen. S. 20. / Meyns: Rebellenbewegungen. S. 159-161.

[186] Fijalkowski: Eskalation. S. 177. Auch Selbstverwaltung in Form von Regionalparlamenten wird oft gefordert (Beispiele Korsika und Nordirland.)

[187] Vgl. Ebenda.

[188] Mutschler, Alexander: A.a.O. S. 45.

[189] Vgl. Hoffmann, Bruce: Terrorismus. Der unerklärte Krieg. Neue Gefahren politischer Gewalt. Frankfurt a. M. S. 31. Hoffmann nennt in diesem Zusammenhang „nationalistische und ethnisch separatistische Gruppen." (31)

[190] Fijalkowski: Eskalation. S. 181.

solchen Staaten auf, in denen signifikante Defizite im Herrschaftssystem erkennbar sind.[191]

3.2 Theoretische Ansätze: Vom Theoriendilemma zur Theorienkombination

Weder die Transformationsforschung, die den Kriegszustand lediglich als ein Teilelement des Staatswandels betrachtet, noch die klassischen Theorien der Internationalen Beziehungen (IB) werden einer Kriegs- und Staatsanalyse mit dem in dieser Arbeit gesetzten Schwerpunkt gerecht. Die IB, wie beispielsweise der Realismus und der Neorealismus, konzentrieren sich in ihren Erklärungsansätzen auf zwischenstaatliche Kriege, die laut Schlichte aber immer seltener auftreten.[192] In der traditionellen Theoriedebatte der IB wird gesellschaftlichen innerstaatlichen Akteuren insgesamt zu wenig Aufmerksamkeit gewidmet, wenn es um den Verlust nationalstaatlicher Souveränität geht. Denn dies ließe sich, so Meyers, „gerade durch das Aufkommen neuer, nichtstaatlicher internationaler Akteure"[193] herleiten. Zwar steht der Staat auch in dieser Analyse im Vordergrund,[194] aber im Rahmen des innerstaatlichen Krieges werden Staat und nichtstaatliche Akteure zueinander in Beziehung gesetzt. Erst dieses Beziehungsmuster, theoretisch durch das Variablenmodell erfasst, verhindert eine „empirische Engführung und Fehlperzeption"[195]. Da auch die staatszentrierte Kriegsfor-

---

[191] Vgl. Gantzel, Klaus Jürgen: Neue Kriege? Neue Kämpfer? In: Forschungsstelle Kriege, Rüstung und Entwicklung, Universität Hamburg, Institut für Politische Wissenschaft: Arbeitspapier Nr. 2 / 2002. Vortrag am 30.05.2002 in der Reihe „Die Welt nach dem 11. September" in der Universität Hamburg. [http://www.sozialwiss.uni-hamburg.de/publish/Ipw/Akuf/publ/ap2-02.pdf]. Stand Mai 2002. 07.12.2003. S. 6. Künftig zitiert als „Gantzel: Kriege / Kämpfer".

[192] Vgl. Schlichte, Klaus: A.a.O. S. 14.

[193] Meyers, Reinhard: Grundbegriffe und theoretische Perspektiven der Internationalen Beziehungen. In: Grundwissen Politik. Schriftenreihe Band 345. Bundeszentrale für politische Bildung. Bonn 1997. S. 390. „Die mit der traditionellen staatenzentristischen Perspektive internationaler Politik verknüpften Konzepte vermögen so Tatbestände nicht zu erfassen [...]." (333). Künftig zitiert als „Meyers: Grundbegriffe".

[194] Zwar ist die Betrachtung des Staates als Territorial- und Nationalstaatsgebilde *realistisch* fundiert (z.B. geprägt durch Vertreter des Realismus Waltz und Morgenthau). Jedoch werden durch Daases Strukturansatz nichtstaatliche Akteure und deren Wirkungen innerhalb der Staatsgrenzen im Krieg erfasst und mit dem Staat in Beziehung gesetzt. Erst durch diese Kombination der Ansätze (staatsrechtlich, soziologisch, politisch) und Ebenen (Struktur, Akteur) gelingen fundierte Erklärungen.

[195] Daase, Christopher: A.a.O. S. 79. „Das eigentliche Problem ist aber der innerstaatliche Konflikt [...]."

schung keinerlei angemessene Erklärungsansätze bietet, soll der *Vergesell-schaftungsansatz* von Daase herangezogen werden: Denn bei dem ungleich gearteten Akteursmuster aus Staat und Rebellen werden deren jeweilige Wirkungen aufeinander im Kriegsprozess relevant.
Neben Daases Theorieansatz, der die Strukturebene bildet, werden sowohl der Rational Choice-Ansatz als auch der Neopatrimonialismus bzw. Klientelismus auf der Akteursebene angewendet. Dadurch, dass eine einzelne Theorie auf nur einer Analyseebene nicht aussagekräftig genug für den Kausalzusammenhang von Staatsinstabilität und Guerillakriegen zu sein scheint, wird eine Theorienkombination auf unterschiedlichen Ebenen bevorzugt.

3.2.1 Akteursebene: Erklärungsansätze verschiedener Handlungsmuster

a) Die Zweckrationalität der Rebellen im Rahmen einer Kriegsökonomie (Rational Choice)

In erster Linie stellt Gewaltanwendung für die Rebellen das Mittel dar, um materielle Ziele in einer Kriegsökonomie zu erreichen. Diesbezüglich merkt Münkler an, dass immer auch „politische und ideologische, ethnische und religiös-kulturelle Fragen"[196] von Relevanz sind, die die wirtschaftlich orientierten Handlungen der Akteure beeinflussen oder erkennbar einschränken.[197] Um die Handlungsmuster der Guerilleros in diesem Kontext theoretisch erfassen zu können, bietet sich der von der Ökonomie entwickelte Rational Choice-Ansatz an. Dieser erfasst das freie, vernunftorientierte Individuum als Grundeinheit zweckrationalen und nutzenmaximierenden Handelns.[198] Der auf seinen Vorteil bedachte ‚homo oeconomi-

---

[196] Münkler: Kriege. S. 163.
[197] Daher kann auch hier wieder nicht nur ein Ansatz allein genügen. Denn der Rational Choice-Ansatz bestimmt das Verhalten des Individuums ausschließlich rational. Jedoch muss auch von politisch motivierten Handlungen der Rebellen ausgegangen werden. Diese Arbeit betont *beide* Handlungsmotive, indem explizit auch auf politisch bestrebten Sezessionismus hingewiesen wird.
[198] Vgl. Etzrodt, Christian: Sozialwissenschaftliche Handlungstheorien. Eine Einführung. Konstanz 2003. S. 13-15. „Die [...] präziseste Rationalitätsdefinition setzt Rationalität mit dem Nutzenmaximierungsprinzip gleich." Rational Choice beruht auf dem „Methodologischen Individualismus", der das Individuum als unterste Handlungseinheit und als Basis sozialer Handlungen betrachtet.

cus'[199] agiert in einem Konkurrenzsystem. Rational Choice erklärt demzufolge, warum zweckrationales Kalkül von Vorteil ist: Das Individuum, das
sich auch kollektiven Gruppen anschließen kann, handelt ausnahmslos rational, indem es sein Tun ausschließlich an seinen Präferenzen ausrichtet.
Klassisches Verhaltensmuster ist hierbei die Frage nach *Nutzen und Kosten*. Ist der Nutzen größer, wendet das Individuum das Rationalitätsprinzip
an: „A rational actor is expected to choose the action that will maximize
expected benefits."[200] Darüber hinaus beweist der Neue Liberalismus, in
dessen Licht Rational Choice steht, den für diese Akteuranalyse richtigen
Ansatzpunkt: Vertreter der liberalen Theorie[201] knüpfen an handlungsfä-
hige, autonome Individuen oder soziale Gruppen an, die ihre Interessen
entlang ihren Handlungsmaximen innerhalb des Staates im *Machtkonflikt*
durchsetzen. Die Gesellschaft, ein Konglomerat zahlreicher individueller
und kollektiver Interessen, ist von ständiger Konkurrenz geprägt. Daher
wird auch der Staat nicht als fixe Variable verstanden, sondern als Resultat
„spezifischer gesellschaftlicher Verhältnisse"[202]. Von Relevanz zeugt die
ökonomische Theorie, da der Akzent auf machtorientierten Interessenskonflikten liegt,[203] die durch das Beziehungsgefüge Staat- Guerilla im
(asymmetrischen) Krieg zum Tragen kommen. Zwar bleiben Jean und Rufin zufolge Konfliktprozesse im Prinzip von politischen Leitlinien geprägt,
jedoch kommt ökonomischen Faktoren eine Schlüsselbedeutung zu.[204] Die
Anwendung dieses Ansatzes gelingt dann, wenn Kriegsfiguren wie Warlords als wirtschaftlich handelnde Akteure betrachtet werden, die Gewalt
‚als effizientes Mittel marktwirtschaftlichen Erwerbsstrebens'[205] anwenden.
Denn erst durch nichtstaatliche oder entstaatlichte Strukturen, die sich beispielsweise in Anbauflächen illegaler Drogen ausdrücken, sind die Kämpfer in der Lage, die Wertschöpfung der Güter selbst zu bestimmen.[206] Für
Münkler stellen die neuen Kriege geradezu das „Ergebnis ökonomischer

---

[199] Schieder, Siegfried: Neuer Liberalismus. In: Schieder, Siegfried / Spindler, Manuela
(Hrsg.): Theorien der Internationalen Beziehungen. Opladen 2003. S. 174. Künftig zitiert als „Schieder: Liberalismus".
[200] Cochran, Charles L. / Malone, Eloise F.: Public Policy. Perspectives and choices.
Second Edition. Boston 1999. S. 57.
[201] wie beispielsweise Andrew Moravcsik. Vgl. Schieder: Liberalismus. S. 173-178.
[202] Ebenda. S. 175. Die liberale Theorie deckt sich auch mit dem Tatbestand, dass
staatliche Aufgaben in bestimmten Fällen nicht mehr effizient erfüllt werden können.
[203] Vgl. Etzrodt, Christian: A.a.O. S. 56. „[...] die ökonomische Theorie ist im Kern eine
Theorie von Interessenskonflikten. Jedes Individuum verfolgt seine eigenen Interessen
[...]."
[204] Vgl. Jean, François / Rufin, Jean-Christophe: Vorwort. In: Jean, F. / Rufin, J.-C.:
(Hrsg.): A.a.O. S. 8.
[205] Ehrke, Michael: A.a.O. S. 9. Ehrke nennt dies auch „Fortsetzung der Ökonomie mit
anderen Mitteln". (3)
[206] Vgl. Rufin: Kriegswirtschaft. S. 32.

Zweckrationalität"[207] dar. Denn „die für die meisten Kriege zentrale Figur des Warlords kann geradezu als Verbindung unternehmerischer, politischer und militärischer Logiken in einer Person definiert werden."[208] Zudem lässt sich das Rationalitätsprinzip im Zuge der wirtschaftlichen Globalisierung und der sich herausbildenden Kriegsökonomie herleiten: Durch internationale Beziehungen in der Ökonomie werden Kriege kostengünstiger, und offene Kriegswirtschaften bilden sich leichter. Prämisse einer solchen Kriegsökonomie ist zum einen der Rückzug bzw. Niedergang des Staates und zum anderen die parallele Festigung dauerhaft informeller und substaatlicher Herrschaftsnetzwerke. Erst durch die Verknüpfung von regionalen Kriegswirtschaften und international organisierter Kriminalität bilden sich „an globalisierte Wirtschaftskreisläufe angeschlossene[n] Kriegsökonomien"[209], in denen sich der Krieg schrittweise staatlicher Kontrolle entzieht. Vor dem Hintergrund dieser „Schattenglobalisierung"[210] und der latenten Erosion staatlicher Hoheitsgewalten erscheint Gewaltanwendung lukrativ, um in entstehenden rechtsfreien Räumen sowohl das eigene Überleben zu sichern[211] als auch den eigenen Nutzen im Kriegsverlauf zu maximieren. Auch die Persistenz der Guerillakriege ist damit erklärbar.

b) Der neopatrimoniale Staat vor dem Hintergrund schwacher Institutionen (Klientelismus / Neopatrimonialismus)

Wie bereits erläutert, gilt politische Herrschaft in afrikanischen Staaten prinzipiell als *personalisiert* und *informell*.[212] Die damit verknüpfte klientelistische Regierungspolitik, gesellschaftlich relevante Entscheidungen nach persönlichen oder ethnischen Loyalitätsprinzipien zu vergeben, „setzt die als ausbalancierendes Nebeneinander konzipierte Ordnung der politischen Institutionen außer Kraft"[213]. Prämisse und zugleich Konsequenz der klientelistischen Strukturen in Schwarzafrika ist der geringe Institutionali-

---

[207] Münkler: Kriege. S. 161.

[208] Ebenda.

[209] Ebenda. S. 170. Klassische Beispiele für informelle Herrschaft in den beschriebenen Kriegsökonomien sind laut Münkler Peru und Kolumbien durch den Kokainanbau. (169)

[210] Ebenda. S. 171.

[211] Vgl. Rufin: Kriegswirtschaft. S. 30. „Ein solcher gegen die Bevölkerung geführter Krieg ums eigene Überleben [...]."

[212] Das den afrikanischen Staat charakterisierende Phänomen „Neopatrimonialismus" wird von zahlreichen Wissenschaftlern bestätigt (Vgl. K. Schlichte / D. Jung / J. Siegelberg / P. Meyns / A. Mehler). „Die Personalisierung des Politischen ist [...] kein exklusives Merkmal der politischen Spitze, sondern durchzieht den gesamten Staatsapparat [...]." Schlichte, Klaus: A.a.O. S. 98.

[213] Ebenda. Oder klientelistische Regierungspraxis lässt diese erst gar nicht entstehen.

sierungsgrad.[214] Solange stark ausgeprägte klientelistische und neopatrimoniale Regierungspraktiken vorherrschen, wird sich ein institutionalisiertes Ordnungssystem nach objektiven, formalisierten Kriterien kaum durchsetzen. Denn laut Mutschler „geht Institutionalisierung mit Entpersonalisierung, Formalisierung und Integrierung von Machtverhältnissen [...] einher"[215]. Zu prüfen ist daher, inwieweit das politische System von neopatrimonialen Merkmalen geprägt ist, die besonders durch den Krieg und den dadurch erhöhten Handlungsbedarf des Staates zu Tage treten: „Fehlende Kontrollen staatlicher Amtsführung, mangelnde Kompetenz vieler Amtsinhaber sowie der persönliche Bereicherungsdrang der herrschenden Elite."[216] Das Faktum einer unzureichenden Institutionalisierung[217] schlägt sich hauptsächlich in Ignoranz formaler Normen und verfassungsrechtlicher Grundsätze nieder. Rechtliche Kodifizierung existiert lediglich theoretisch. Dadurch, dass verfassungsrechtlich und gesetzlich vorgegebene Handlungsprinzipien kaum Anwendung finden, bieten sich den politischen Amtsinhabern große Handlungsspielräume. Das schwache Institutionengefüge und „die [...] starre Logik des neopatrimonialen Staates" erklären, „warum der Rückgriff auf physische Gewalt, wie er sich in [...] begrenzten bewaffneten Konflikten äußert, im postkolonialen Afrika so häufig auftrat"[218]. Von besonderer Relevanz ist daher die Frage, *mit welchen Mitteln* ein solcher Staat auf Konflikte und die darin agierenden Separatisten antwortet. Meist fungieren gewaltsame Reaktionen auf politische Oppositionen als klassische Konfliktlösungsinstrumente statt Diplomatie und Dialogfähigkeit.[219] Diese Handlungsmuster des Staates erklären sich teilweise aus systemimmanenten Strukturen, teilweise aber auch aus der von den Rebellen provozierten Kettenreaktion auf irreguläre Kriegstaktiken. Durch Anschläge und Sabotage fordern sie den Staat geradezu heraus,

---

[214] Vgl. Mehler, Andreas: Die nachkolonialen Staaten Schwarzafrikas zwischen Legitimität und Repression. Beiträge zur Politikwissenschaft. Band 42. Frankfurt a. M. 1990. S. 107.

[215] Mutschler, Alexander: A.a.O. S. 73. / Elwert, Georg: Gesellschaft / Gesellschaften. In: Mabe, Jacob E. (Hrsg.): A.a.O. S. 71. „In Gesellschaften ohne Rechtsstaat spielt der Klientelismus eine wichtige Rolle [...]."

[216] Meyns: Neopatrimonialismus. S. 141.

[217] Neopatrimonialismus geht mit schwacher Institutionalisierung einher. Bei der theoretischen Einordnung soll jedoch nur auf den Institutionalisierungsgrad an sich, nicht auf den „Neoliberalen Institutionalismus" eingegangen werden. Zwar stellt dieser auf normative Verregelung in Form von Institutionen ab, nimmt aber - wie auch andere Theorien der IB - prinzipiell zwischenstaatliche Kooperationen in internationaler Dimension in den Blick.

[218] Jung, Dietrich / Schlichte, Klaus / Siegelberg, Jens: Kriege in der Weltgesellschaft. Strukturgeschichtliche Erklärung kriegerischer Gewalt (1945-2002). 1. Aufl. Wiesbaden 2003. S. 166.

[219] Vgl. Ebenda. S. 167.

mit „starker Hand" zu antworten. Daran knüpft die strukturelle Wirkungs-
analyse von Daase an.

3.2.2 Strukturebene: Der Austragungsmodus von Rebellenkrie-
gen - Theorie der Vergesellschaftung nach Daase

Auf Grund von *differenten Politikrationalitäten* zwischen Staat und Guerilla etabliert sich ein auf ungleichen Militärstrategien beruhender Kleinkrieg.[220] Daase weist in seinem problemstrukturellen Interpretationskonzept
nach, dass die Staatsgewalt vor allem durch *unkonventionelle* Kleinkriegsführung der Guerilleros ausgehöhlt wird. Dies lässt sich Daase zufolge aus
der zwischen beiden Akteuren asymmetrisch vorherrschenden Konfliktstruktur konkret herleiten: Jede Organisationseinheit, gleichwohl der Staat
als politisches und der nichtstaatliche Akteur als gesellschaftliches Hand-
lungssubjekt, verfolgt eigene Interessen, die es jeweilig auf spezifische Art
durchzusetzen gilt. Auf den Kriegszustand bezogen bedeutet dies, dass jeder der Kriegsteilnehmer von seiner Organisationsstruktur her in der Form
der Interessensdurchsetzung und im Konfliktaustragungsmodus festgelegt
ist. Demnach ist ein Staat „aufgrund seiner politischen Organisationsstruktur auf bestimmte nationale Interessen fixiert"[221], die Daase weiterhin
präzisiert, indem er in diesem Zusammenhang die „Kontrolle von Territorium und Bevölkerung"[222] nennt. Dieses Ziel sei hauptsächlich dadurch zu
erreichen, dass der Staat sowohl eine reguläre Armee unterhielte, in der Of-
fiziere professionell auszubilden seien, als auch in finanzieller Hinsicht ein
effizient funktionierendes Steuersystem errichte. Bezüglich der Kriegsführung ist der Staat Daase zufolge dahingehend festgelegt, dass er seine
Kriegsinstrumente nach genau vorgegebenen rechtlichen und politischen
Regeln anzuwenden hat, um die Legitimationsbasis seines politischen Systems nicht zu gefährden. Eine differente Vergesellschaftungsform impliziere auch eine differente Interessendefinition und damit einen anderen
Konfliktaustragungsmodus. Die Rebellen, die gesellschaftlich organisiert
und nichtstaatlicher Herkunft sind, weisen sich im Vergleich zum Staat mit
einem viel schwächeren Organisationsgrad aus. Dadurch, dass sie sich darüber hinaus nicht über Prinzipien wie Staatsgebiet, Staatsvolk und Staatsgewalt definieren, verteidigen sie weder die territoriale Integrität noch un-
terwerfen sie sich dem Sachzwang, verfassungsrechtliche staatsoriginäre
Zielbestimmungen wie Frieden, Ordnung und Recht zu erfüllen. Ihre

---

[220] Vgl. Daase, Christopher: A.a.O. S. 94 f.
[221] Ebenda. S. 93.
[222] Ebenda.

Kämpfer, meist jugendlich, unausgebildet und nicht uniformiert[223], nutzen ihren „außergesetzlichen Charakter"[224], indem sie sich unter dezentraler Kommandostruktur befinden, Sabotage- und Terrorakte durchführen und sich an keinerlei ordnungspolitische Regeln halten.[225] Aus dem Beziehungsgeflecht dieser völlig ungleich gearteten Gegner resultiert Daase zufolge eine asymmetrische Konfliktstruktur, in der unterschiedliche Präferenzen und Ziele auf unterschiedliche Art verfolgt werden: „Während der Staat versucht, seinen privilegierten politischen Status und seine überlegene Militärmacht zu erhalten, wird der substaatliche Akteur beabsichtigen, diesen Status zu unterminieren, indem er vermeidet, den Krieg nach den Bedingungen des Staates zu führen."[226] Der Kriegsführungsmodus bestimmt sich daher durch Konfrontation von regulären und irregulären Truppen.[227]

Bereits 1968 definierte Hahlweg den Krieg der nichtstaatlichen Akteure als „Guerilla, Partisanenkrieg oder Kleinkrieg"[228] oder als „guerre subversive, Krieg ohne Fronten, Bandenkrieg oder armée clandestine"[229]. Daases Ansatz mit dem Schwerpunkt der Kleinkriegsführung ist unter Nennung zahlreicher Wissenschaftler[230] in die Theorie des Guerilla- oder Partisanenkämpfers einzuordnen. Kriegstaktisch verweist der Guerillakrieg auf einen verdeckten Kampf, denn „man ficht aus dem Hinterhalt, man taucht nicht auf, kämpft anonym gleichsam, abgeschirmt. Verdeckter Kampf ist zugleich Sabotage, Untergrund [...]"[231]. Besonders destruktive Elemente sind Hahlweg zufolge sowohl der lang andauernde Charakter der

---

[223] Vgl. Schmitt, Carl: Theorie des Partisanen. Zwischenbemerkung zum Begriff des Politischen. Berlin 1963. S. 21. „Der reguläre Charakter bekundet sich in der Uniform des Soldaten [...]."

[224] Rufin: Kriegswirtschaft. S. 32.

[225] Vgl. Heydte, Friedrich A. Frhr. von der: Der moderne Kleinkrieg als wehrpolitisches und militärisches Phänomen. Band 3. Schriftenreihe des Instituts für Wehrrecht der Universität Würzburg. Würzburg 1972. S. 24.

[226] Daase, Christopher: A.a.O. S. 94. Daase nennt die Guerillataktik „hit-and-run-Aktionen [...], die als einzelne zu klein sind, um dem Staat wirklich zu schaden, die aber in ihrer Gesamtheit den Widerstandswillen des Staates brechen können." (94)

[227] Vgl. Heydte, Friedrich A. Frhr. von der: A.a.O. S. 85.

[228] Hahlweg, Werner: Guerilla. Krieg ohne Fronten. Stuttgart 1968. S. 21. Damit wird - wie auch Münkler und Kaldor betonen - erneut klar, dass das Phänomen der „Kleinen Kriege" so „neu" nicht ist. Der „Partisanenkrieg" entstammt dem frz. Wort „partisan" [der Parteigänger, Anhänger] und demonstriert ursprünglich politisches Engagement.

[229] Ebenda. S. 21 f. Übersetzung für „armée clandestine": Heimliche Armee.

[230] Wie zitiert: W. Hahlweg, C. Schmitt, F. Heydte, Mao Tse-tung. Die Theorie des Guerilla- oder Partisanenkrieges, die Daase anwendet, ist somit zeithistorisch fundiert (Mao: Guerillakrieg in China).

[231] Hahlweg, Werner: A.a.O. S. 23.

bewaffneten Auseinandersetzungen „in gnadenloser Härte"[232] als auch die hohe Mobilität der Kämpfer, die „in kleine und kleinste, hochbewegliche und [...] im Raum verteilte Einheiten zerlegt [...]"[233] agieren. Dadurch gelingt es, dem Gegner leichter zu entkommen und ihn zugleich zu täuschen. Ähnliche Handlungsmaximen dominieren auch bei bewaffneten Überfällen seitens der Guerilla: Den Gegner in einem günstigen Augenblick mit dem Ziel des Zermürbens[234] und der Strategie des schnellen Kampfes anzugreifen.[235] Laut Daase gelten eben jene Guerilleros als das den Staat unterminierende Problempotenzial, da sie „sich keiner Staatsgewalt, sondern nur dem Kodex ihrer politischen Gruppe unterordnen"[236]. In der Fallstudie ist daher zu prüfen, inwieweit der substaatliche Akteur fähig ist, seine verhältnismäßig geringe und andersartige Macht so zu nutzen, um seine Interessen durchzusetzen und dabei zugleich die Macht und Legitimität des Staates zu brechen.

3.3 Hypothesenbildung: Die Wirkung des Guerillakrieges auf den Staat – Leistungs- und Legitimationsdefizite des Staates als Folge von Irregularität

Für den Tatbestand der Staatsinstabilität lässt sich eine für die Fallstudie relevante Arbeitshypothese entwickeln, die systematisch in drei spezifische Teilhypothesen gegliedert wird. Ziel ist es zu klären, inwieweit die unabhängige Variable, der Guerillakrieg, die abhängige Variable, den Staat, bestimmt. Jede Hypothese fokussiert jeweils andere auf Staatsschwäche verweisende Faktoren, die sich aus den festgelegten theoretischen Determinanten für die Fallanwendung ergeben. Darüber hinaus werden die in 3.1 dargestellten Charakteristika des Guerillakrieges operationalisiert. Letztlich

---

[232] Ebenda. S. 214.
[233] Ebenda. S. 221. Vgl. auch Schmitt, Carl: A.a.O. S. 23. „Beweglichkeit, Schnelligkeit und überraschender Wechsel von Angriff und Rückzug, mit einem Wort: gesteigerte Mobilität [...]." [Wort und Begriff Partisan].
[234] Vgl. Mao-Tse-tung: Theorie des Guerillakrieges. Oder Strategie der Dritten Welt. Einleitender Essay von Sebastian Haffner. Dt. Erstausgabe. Reinbek bei Hamburg 1966. S. 188. „Zermürbungskrieg".
[235] oder Terrorakte, zu denen auch Entführungen zählen. Vgl. Heydte, Friedrich A. Frhr. von der: A.a.O. S. 200.
[236] Daase, Christopher: A.a.O. S. 95.

besteht der Anspruch, die These der „staatlichen Leistungs- und Legitimitätsdefizite durch den Krieg" zu relativieren oder zu bestätigen.[237]

3.3.1 Hypothesenformulierung vor dem Hintergrund der Theorienreichweite

Staatsinstabilität wird durch einen Guerillakrieg dann beschleunigt, wenn dessen Akteure sowohl die Leistungsfähigkeit als auch die Legitimation des Staates dauerhaft unterminieren. Diese Hypothese beruht auf der Annahme, dass sich besonders durch asymmetrische Konfliktstrukturen ein nachweisbares Bedrohungspotenzial für den Staat und dessen Existenz herausbildet. Denn der nichtstaatliche Akteur, „der diese Herrschaft [des Staates] nicht anerkennt und mit Gewalt bekämpft, ist eine direkte Herausforderung der staatlichen Legitimität. [...] Ihm genügt ein geringeres Maß an Gewalt, das die Rechtmäßigkeit der bestehenden Ordnung untergräbt."[238] Dadurch büßt der Staat ebenso an Funktionsfähigkeit ein, wie z.B. in der Gewährung von Sicherheit und territorialer Integrität, politischer Selbstbestimmung, Konsolidierung von Herrschaft und Nationalstaatlichkeit deutlich wird. Durch *Irregularität* - wie sie durch die Rebellen manifestiert wird - werden territorial- und verfassungsrechtliche, machtpolitische und nationalstaatliche Regeln auf drastische Weise außer Kraft gesetzt. Der Staat als zentrale Ordnungsinstanz und sein politisches System nehmen dadurch auf Dauer Schaden.[239] Wie bereits erwähnt, handelt es sich weniger um eine Ursachenanalyse[240] als vielmehr um einen *Strukturansatz*, mit dessen Anwendung der Kriegsaustragungsmodus und dessen Auswirkungen auf die Staatstätigkeit und Legitimation fallspezifisch zu prüfen sind. Daase stellt damit einen aktuell wenig beachteten Ansatz zur Disposition, der aber so neu nicht ist: Schon Schmitt benannte den spanischen Guerillakrieg als irregulär.[241] Für Heydte war der irreguläre

---

[237] Dass Staatsinstabilität völlig zu verneinen ist, kann durch die Auswahl des Staates Senegal ausgeschlossen werden. Relevant ist, in welchem Grad Staatsschwäche durch den Guerillakrieg bestimmt wird.

[238] Daase, Christopher: A.a.O. S. 222.

[239] Vgl. Ebenda. S. 101.

[240] Vgl. Ebenda. S. 214. „Solange sich die Kleinen Kriege in ihrer Struktur ähneln, ist es gleichgültig, ob sie marxistischen Ideologien, nationaler Begeisterung oder religiösem Fanatismus entspringen."

[241] Vgl. Schmitt, Carl: A.a.O. S. 11 f. „Der Partisan des spanischen Guerilla-Krieges [von 1808 bis 1813] [...] war der erste, der es wagte, irregulär gegen die ersten modernen regulären Armeen zu kämpfen [...]." (12 f). Hahlweg sieht bereits im „Amerikanischen Unabhängigkeitskrieg" (1775-1783) den Beginn irregulärer Kleinkriege. Vgl. Hahlweg, Werner: A.a.O. S. 32-35.

Partisanenkrieg schon 1972 ein „Kleinkrieg, der noch nicht begonnen hat, der aber in einer vielleicht schon nahen Zukunft in Europa [...] furchtbare Realität werden könnte"[242].

3.3.2 Gliederung in Teilhypothesen

Die These, dass der Staat besonders durch den Guerillakrieg destabilisiert werde, wird wegen ihrer Komplexität in drei Teilhypothesen mit unterschiedlichen Blickwinkeln zerlegt, die auf die drei klassischen Staatsinterpretationen[243] Bezug nehmen: Die Rebellen tragen in irregulären Konfliktstrukturen und mit irregulärer Kampfform dazu bei, den Staat a) in seiner räumlich und legal definierten Hoheit, der *Territorialrechtlichkeit*, b) in seiner autonomen Staatsgewalt, in *Macht und Herrschaft* und c) in seiner integrationsstiftenden Legitimität, der *Nationalität*, zu unterminieren. Die thematische Gliederung der Teilhypothesen erfolgt nach einer Basisdefinition von Buzan.[244] Dieser bemisst den Staat nach seiner physischen Komponente, Staatsgebiet und Staatsvolk, nach der institutionellen Komponente, Regierung und jeweilige Organe und nach seiner symbolischen Rechtfertigung, dem Gehalt des Nationalstaates. Daher wird Daases Theorienfokus, dass Guerillataktiken prinzipiell staatlich legitimierte Herrschaft auflösen, durch die Kriterien Territorialität und Nationalstaatlichkeit erweitert. Ergänzend werden sowohl Tetzlaffs Kriterien von Staatszerfall[245] -

---

[242] Heydte, Friedrich A. Frhr. von der: A.a.O. S. 11.

[243] Vgl. Kapitel 2.2 [Messindikatoren staatlicher Handlungsautonomie].

[244] Vgl. Buzan, Barry: A.a.O. S. 65 / 69-96. Buzans Definition fungiert aber nicht komplett als Leitprinzip. So ist bei der physischen Komponente nur das Staatsgebiet, bei der symbolischen Idee das Staatsvolk relevant. Buzan entwickelte diese das Staatswesen beschreibenden Kriterien zwar vor dem sicherheitspolitischen Hintergrund (1991), aber unabhängig davon scheinen diese geeignet, den strukturellen Grundstein für die Teilhypothesen zu legen.

[245] Senegal gehört sicher zu denjenigen Staaten, die durch den Guerillakrieg nicht zerfallen, sondern destabilisiert sind. Zudem: „Zerfallen kann nur, was vorher schon da war. Ist es in den meisten Fällen nicht so, dass [...] noch gar keine funktionsfähige Zentralgewalt etabliert war?" Gantzel: Kriege / Kämpfe. S. 10.

auf die sich auch Chojnacki bezieht - als auch Zartmans Konzept von Staatskollaps herangezogen.[246]

a) „Physical base of the state"[247] - Territorialer Verfall

Ein Kleinkrieg findet meist in einer bestimmten Provinz des Staatsterritoriums statt, die von den Guerilleros kontrolliert und gegebenenfalls ausgeweitet wird. Im Fall von Sezession reklamieren die Unabhängigkeitsbestrebten ein originär zum Staat gehörendes Teilgebiet für sich, das sie sich gegenüber der Zentralregierung militärisch und illegitim anzueignen versuchen. Territorialer Verfall ist tendenziell in lang andauernden Bürgerkriegen erkennbar, die laut Tetzlaff anfangs nur bestimmte Regionen mit einschließen[248], aber durch Fortexistenz regionaler Konfliktpotenziale destabilisierende Wirkung für das Gesamtgebiet zeitigen. Exemplarisch dafür sind Tetzlaff zufolge Sudan, Angola und Senegal.[249]

Wenn für Zippelius die Bedeutung der Staatsgewalt im Territorialstaat darin liegt, dass sie „Herrschaft über das im Staatsgebiet lebende Volk"[250] darstellt, dann wird sie gerade durch sezessionistische Ziele unterlaufen. Von diesen Zielbestimmungen geleitet, solidarisieren sich Anhänger in prä- und substaatlichen Banden oder ethnischen Gemeinschaften.[251] Allein die Militarisierung solcher Rebellengruppen mit Waffeneinsatz stellt, juristisch betrachtet, eine Missachtung des staatlichen Gewaltmonopols und des damit verbundenen Waffenprivilegs dar. Denn bereits das Streben nach Separatstaatlichkeit negiert die territoriale Einheit des herrschaftlichen Staatsverbandes.[252] Das formalrechtlich räumlich geschlossene Staatsgebiet wird dadurch partiell ausgehöhlt und verliert seinen einheitsstiftenden Charakter. Solche Fälle, in denen territorial agierende terroristische Gruppen vorherr-

---

[246] Vgl. Tetzlaff, Rainer: Die Dekolonisation und das neue Staatensystem. In: Kaiser, Karl / Schwarz, Hans-Peter (Hrsg.): Weltpolitik im neuen Jahrhundert. Bundeszentrale für politische Bildung. Band 364. Bonn 2000. S. 67. Künftig zitiert als „Tetzlaff: Dekolonisation". / Chojnacki, Sven: Anarchie und Ordnung. Stabilitätsrisiken und Wandel internationaler Ordnung durch innerstaatliche Gewalt und Staatenzerfall. Konferenz Internationale Risikopolitik 24.-25.11.2000. Wissenschaftszentrum Berlin. [http://www.wz-berlin.de/~svencho/pdf/risiko-2000.pdf]. Stand November 2000. 10.12.2003. S. 13. / Zartman, William I.: A.a.O. S. 1-15.

[247] Buzan, Barry: A.a.O. S. 90.

[248] Vgl. Tetzlaff: Dekolonisation. S. 67.

[249] Vgl. Ebenda.

[250] Zippelius, Reinhold: A.a.O. S. 81.

[251] Vgl. Fijalkowski: Eskalation. S. 177.

[252] Parallelbeispiel ist die Türkei und der radikale Sezessionismus der PKK (der kurdischen Arbeiterpartei), wodurch „das kemalistische Dogma der Einheit und Unteilbarkeit des Staates" erschüttert wurde. Vgl. Daase, Christopher: A.a.O. S. 200.

schen, deuten auf herrschaftsfreie Räume oder anarchische Strukturen innerhalb eines Staatsgebietes.[253] Ein gesetzlich geregeltes Zusammenleben der Bürger im Sinne von Legalität wird vor diesem Hintergrund obsolet. Denn das Staatsgebiet ist idealtypisch ein „spezifisch hoheitlicher Herrschaftsbereich"[254], in dessen territorialen Rahmen unter Anerkennung staatlicher Autorität relevante Regelungsbefugnisse auszuüben sind: So schließt der territorialrechtliche Charakter des Staates laut Buzan und Zartman die Gewährung von Sicherheit im Staatsgebiet gegenüber den darin lebenden Bürgern mit ein.[255]

Darüber hinaus beeinträchtigen bewaffnete Guerilleros nicht nur einzelne Funktionen des Staates, sondern verzögern den gesamten staatlichen Entwicklungsprozess mit desaströsen Folgen: In kriegszerrütteten Regionen wird meist die gesamte Infrastruktur zerstört und die dort existente Ressourcenbasis nahezu ausschließlich zur Kriegsfinanzierung, nicht aber zur Konsolidierung des Staates genutzt.[256] Territoriale Destabilisierung ist damit auch eine „Folge von resourcenverschlingenden Bürgerkriegen"[257]. Verschärft wird dieser Prozess der Aushöhlung nationalstaatlicher Handlungsspielräume durch Regionalisierung bzw. Internationalisierung des Guerillakrieges. Die Handlungsautonomie des Staates wird weiter eingeschränkt, da nationale Kontroll- und Ordnungsinstanzen dann versagen, wenn sich über Staatsgrenzen hinweg überregionale Bürgerkriegsökonomien herausbilden: Es entsteht „ein Netzwerk von Waffenbeschaffung, Söldnerrekrutierung und illegalem Handel [...]"[258].

---

[253] Vgl. Chojnacki, Sven: A.a.O. S. 13.

[254] Zippelius, Reinhold: A.a.O. S. 95.

[255] „ [...] the state as the security guarantor for a populated territory." Zartman, William I.: A.a.O. S. 5. / Vgl. Buzan, Barry: A.a.O. S. 91 „ [...] the protection of territory and population must count as fundamental national security concerns [...]." (95). Zwar bezieht sich Buzan auf zwischenstaatliche Konflikte, aber der vom Staat zu gewährende Schutz des Territoriums (und des Staatsvolkes) ist auch auf die zu leistenden Staatsaufgaben in innerstaatlichen Kriegen umzumünzen. Auch Guerillakämpfer zersetzen das Staatsgebiet.

[256] Vgl. Ball, Nicole: Wiederaufbau kriegszerrütteter Gesellschaften: Welchen Beitrag können externe Akteure leisten? In: Debiel, Tobias (Hrsg.): Der zerbrechliche Frieden. A.a.O. S. 66. (Charakteristika kriegszerrütteter Länder vgl. dazu den Anhang).

[257] Tetzlaff: Dekolonisation. S. 67. Als exemplarisch für Sezessions- und Antiregimekriege nennt Tetzlaff (u.a.) den Sudan.

[258] Debiel: Krisenregionen. S. 22.

b) „Institutions of the state"[259] - Erosion der Staatsgewalt

„Kleine Kriege", so folgert Daase, „führen zu einer schwindenden politischen Legitimität der staatlichen Akteure"[260] und erläutert diese Feststellung anhand des klassischen Beispiels Israel: Der Guerillakrieg der PLO und letztlich die palästinensische Volkserhebung im Westjordanland und im Gaza-Streifen sind Beleg dafür, in welchem Grad der israelische Staat durch die irreguläre bzw. terroristische Guerillataktik des nichtstaatlichen Akteurs destabilisiert wurde.[261] Auch wenn beim Beispiel Nahost nicht exakt gleich geartete Problemfelder identifizierbar sind, erweist sich die Parallele insgesamt als aufschlussreich für den senegalesischen Fall. Denn die Aushöhlung staatlicher Autorität durch die für den Staat destruktive Kriegsführung der Rebellen stellt das staatliche Herrschaftspotenzial allgemein in Frage. Oder, anders formuliert, „die Erosion [...] staatlicher Autorität" verweist Tetzlaff zufolge auf eine „Störung eines Herrschaftsverhältnisses zwischen dem Herrschaftszentrum in der Hauptstadt und der Bevölkerung in Stadt und Land"[262]. Das staatliche Entscheidungs- und Gewaltmonopol verliert durch die innerstaatlich agierenden, irregulären Kriegsgegner sowohl an Legitimität[263] als auch an Leistungsfähigkeit, was die Erfüllung klassischer Aufgaben des Staates betrifft: Hinreichende Sicherheit kann der Staat nicht mehr gewähren, und auch als rechtsstaatlich agierende Ordnungsinstanz wird er untergraben. Den für das gesellschaftspolitische System relevanten Steuerungs-, Regelungs- und Strukturaufgaben kommt die Regierung nicht mehr nach, so dass die Stabilisierung des Gesamtsystems unerreichbar wird. Für Tetzlaff ist Staatskollaps eine Situation, in der „Struktur, Autorität (legitime Macht), Gesetz und politische Ordnung auseinander gefallen sind [...]"[264]. Verliert das (bisher etablierte) Institutionengefüge seine Steuerungsfähigkeit, ist der gesamte Staatsapparat laut Zartman davon betroffen: „As the decision-making centre of government, the state is paralyzed and inoperative: Laws are not made, order is not preserved [...]."[265] Der Staat wird essentiellen Funktionen wie der

---

[259] Buzan, Barry: A.a.O. S. 82.

[260] Daase, Christopher: A.a.O. S. 104.

[261] Vgl. Ebenda. S. 153.

[262] Tetzlaff: Dekolonisation. S. 67. Tetzlaff spricht von einem anhaltenden „Machtvakuum als Tor zur Anarchie".

[263] Bsp. Israel: „Von dem Verlust an Legitimität, den das politische System Israels im Verlauf des Kleinen Krieges auf diese Weise erlitten hat, hat es sich bis heute nicht erholt." Daase, Christopher: A.a.O. S. 183.

[264] Tetzlaff: Dekolonisation. S. 68.

[265] Zartman, William: A.a.O. S. 5. „State collapse [...] is the breakdown of good governance, law and order." (6)

„Aufrechterhaltung des sozialen Friedens und der rechtsstaatlichen Herrschaft des Gesetzes [...]"[266] kaum mehr gerecht.
Zurückzuführen ist dieser vielseitige Funktionsverlust des Staates auf asymmetrische Konfliktstrukturen. Hierin verfolgen die Rebellen das Ziel, den Staat zu unkonventionellen, für ihn atypischen Reaktionen zu veranlassen, die zwangsläufig in Normwidrigkeit münden und ihm langfristig die Basis seiner Herrschaft, die Legitimität, nehmen. Tendenziell kann der Staat sein Machtpotenzial gegenüber den Rebellen zwar ansatzweise verteidigen, da er insgesamt über größere militärische, ökonomische Stärke verfügt. Denn seiner Vergesellschaftungsform entsprechend ist er darauf bedacht, sein Machtmonopol mit physischer Gewalt und mit Zwangsmaßnahmen durchzusetzen. Um Herrschaft hingegen handelt es sich auf Grund der nicht rechtmäßigen Handlungen dann nicht mehr. Diese Rechtsbrüche, die ihren Ausdruck in Repression, Grund- und Menschenrechtsverletzungen, Dialogunfähigkeit und übermäßiger militärischer Verfechtung staatlicher Einheit finden, initiieren einen Delegitimierungsprozess. Der Staat trägt damit selbst zur Erosion seiner Funktionen und seiner Glaubwürdigkeit sowie zum Bruch seiner Herrschaftsbasis bei: Resultat ist der Niedergang seiner staatlichen Ordnung.

c) „Idea of the state"[267]- Zersetzung der Nation

„So entstanden Nationalstaaten, die nicht durch ‚gewachsene' Nationen gefüllt und getragen waren"[268], verweist Osterhammel vor allem auf Südostasien und Afrika. Zartman umschreibt dieses Phänomen als „symbol of identity" und folgert daraus: „[...] it has lost its power of conferring a name on its people and a meaning to their social action."[269]
Ein nur als Hülse begriffener Nationalstaat verweist auf zweierlei: Zum einen wird staatliche Einheit, wie schon erläutert, durch Sezessionismus bedroht.[270] Mit dem Streben nach Abspaltung einzelner Regionen verknüpfen sich Teilinteressen meist ethnischer Basis, die dem Handlungsauftrag des Gesamtstaats widerstreben. Diese regionalistischen und den Staat schwächenden Bestrebungen lösen innergesellschaftliche Zersplitterungsprozesse aus, „die sich in Form ideologischer, kultureller, religiöser oder sprachli-

[266] Debiel: Krisenregionen. S. 25.
[267] Buzan, Barry: A.a.O. S. 69.
[268] Osterhammel, Jürgen: A.a.O. S. 77.
[269] Zartman, William I.: A.a.O. S. 5.
[270] Vgl. Ansprenger, Franz: Nationenbildung / Nation Building. In: Mabe, Jacob E. (Hrsg.): A.a.O. S. 139.

cher Trennungslinien [...] manifestieren"[271]. Ethnische Zuschreibung dient hierbei der Eskalation und Politisierung des Konfliktgegenstandes. Zum anderen verweisen „ethno-nationale Gruppen, die [...] das Nationalstaatsprinzip unterminieren [...]"[272], auf staatliches Versagen hin, nicht alle im Staat lebenden Bevölkerungsgruppen an gesamtstaatlichen Entscheidungsverfahren teilhaben zu lassen. Dadurch kann keine auf den Staat bezogene Identität erreicht werden. Dies wiederum erklärt den existenten Freiraum für Partikularinteressen, die sich meist ethnisch oder religiös begründen.[273] Denn die solidarisierten Gruppen entwickeln ihre Identität nicht aus dem über ihnen stehenden Nationalstaat, sondern aus Partikularitäten: Diese seien, so Tibi, entweder ethnisch wie die Kurden in der Türkei, in Syrien, im Irak und Iran oder sektiererisch wie die Schiiten im Irak und Libanon.[274] Der afrikanische Nationalstaat stellt daher ein Gebilde dar, in dem „multiethnische Bevölkerungen und diverse lokale Kulturen"[275] vorherrschen, die nur formal mit territorialen und nationalen Strukturen verknüpft sind.

Die verfassungsrechtlich bestimmte nationale Einheit des Senegals existiert vor dem Hintergrund ausdifferenzierter regionaler Teilinteressen, die teilweise radikal verfochten werden, lediglich theoretisch. Konsequenz für den Staat ist ein Legitimationsdefizit, denn erst über die Nation, die vom Staatsvolk gebildet wird, begründet er seine Rechtfertigung und Glaubwürdigkeit. Zwar wird die Nation ohnehin nicht wirklich von den Bürgern getragen, denn fragile Nationalstaatlichkeit kann als systemimmanent betrachtet werden.[276] Doch wird die Nation, die vom Staat im Konsolidierungsprozess gestärkt werden soll, durch den Autonomie- und Sezessionskrieg noch drastischer fragmentiert. Demnach könnte sich Andersons These, die Nation sei keine naturgegebene politische Gemeinschaft, im senegalesischen Fall bestätigen: Der bewaffnete separatistisch

---

[271] Chojnacki, Sven: A.a.O. S. 10. Für Tetzlaff sind diese Konflikte „ethnopolitisch", im Fall von Sezession „ethnoregionalistisch". Tetzlaff: Ethnische Konflikte. S. 50 f.

[272] Schneckener, Ulrich: Auswege aus dem Bürgerkrieg. Modelle zur Regulierung ethno-nationalistischer Konflikte in Europa. 1. Aufl. Frankfurt a. M. 2002. S. 39. Schneckener befasst sich mit den Charakteristika „neuer Kriege". Hilfreich sind seine Ausführungen daher, weil er ähnliche Problemfelder in innerstaatlichen Konflikten in Europa aufzeigt, die sich mit Senegal (und generell mit Afrika und mit anderen nachkolonialen Staaten in Asien) durchaus vergleichen lassen (Sezession, Autonomie).

[273] Vgl. Buzan, Barry: A.a.O. S. 73. „Many post-colonial Asian and African states, faced with complex ethnic, tribal and religious divisions, look to the state-nation process as their salvation."

[274] Vgl. Tibi: Zivilisationen. S. 72.

[275] Ebenda. S. 80. Tibi spricht auch von einem „nominelle[n] Nationalstaat". (120)

[276] „Der moderne [...] Staat, den man Nationalstaat nennt, scheint in den nichteuropäischen Zivilisationen, in die er als ‚Transplantat' verpflanzt worden ist, nicht zu funktionieren." Ebenda. S. 67.

motivierte Konflikt symbolisiert eine nur konstruierte Nationalstaatlichkeit, aus der ethnisch überformte Partikularinteressen erwachsen, die den Staat in seiner ideellen (und juristischen) Legitimation unterminieren oder ihn daran hindern, erst eine solche zu etablieren. Ist unter diesen Bedingungen separatistisches Bestreben radikalisiert und der staatliche Funktionsbereich damit ausgehöhlt, zerbricht das ohnehin schwache Nationalstaatsgefüge vollständig. Der ethnisch politisierte und kriegerische Separatismus könnte dann eine erheblich beschleunigende Wirkung auf die Instabilisierung der Nationalstaatlichkeit zeitigen.

4 Fallstudie: Instabile Staatlichkeit am Beispiel Senegals: Inwieweit unterminiert die MFDC[277] die staatliche Handlungsautonomie des Senegals?

Den theoretisch hergeleiteten Kausalzusammenhang zwischen instabiler Staatlichkeit und kriegerischer Gewalt durch die Guerilla bestätigt Marut am Beispiel des Senegals, indem er folgert, dass die Radikalisierung des Protestes in der Casamance tatsächlich mit einer instabilen senegalesischen Regierung einhergeht.[278] Inwieweit die chronische Instabilität Senegals, dessen Regierung „bislang erfolglos bemüht ist, die Grenzen zu sichern und von allen Bevölkerungsgruppen als legitim anerkannt zu werden [...]"[279], mit dem Krieg in einer Wechselbeziehung steht, ist in den Teilhypothesen zu prüfen. Vor dem Hintergrund, dass alle drei Teilhypothesen nur in Ergänzung zueinander zu betrachten sind, ist insgesamt nach den Auswirkungen des innerstaatlichen Krieges sowohl auf die Staatstätigkeit als auch auf die Legitimationsbasis zu fragen. Wie verwundbar ist der senegalesische Staat tatsächlich durch den im Süden schon lange andauernden Guerillakrieg? Inwieweit ist eingeschränkte Handlungsautonomie - theoretisch anhand zahlreicher Messkriterien erfasst - auf den Guerillakrieg zurückzuführen?

---

[277] Mouvement des Forces Démocratiques de Casamance: Unabhängigkeitsbestrebte Rebellen in Südsenegal. Im Folgenden wird die Bewegung [„mouvement"] sprachlich als *weiblich* [daher *„die MFDC"*] angesehen. Es gibt in der Literatur auch die maskuline Version.
[278] Marut, Jean-Claude: La Question de Casamance (Sénégal). Une analyse géopolitique. Thèse de Doctorat de Géopolitique. Université Paris 8. Formation Doctorale Géopolitique. Saint-Denis 1999. S. 46. Künftig zitiert als „Marut: Question". Auch Marut bezeichnet die MFDC als „Guérilla" oder „maquisards" [dt.: Widerstandskämpfer]. (41)
[279] Tetzlaff: Nachkolonialer Staat. S. 136.

4.1 Die Rahmenbedingungen des Konfliktgeschehens in der Casamance

Im Hinblick auf die Fallstudie sind in Form eines kurzen Überblicks[280] die wichtigsten Determinanten des Konfliktes in der Casamance vorzustellen. Es geht darum sowohl Akteure als auch Konfliktstrukturen zu skizzieren, um daraus die Charakteristika der Kriegsführung abzuleiten.

a) Anfängliche Grundzüge des Konfliktes

Der senegalesische Konflikt ist einer der am längsten andauernden Konflikte im Subsaharagebiet.[281] Seit 20 Jahren kämpfen (prinzipiell) separatistisch motivierte Guerilleros in der MFDC für die Abspaltung der südlichen Region Casamance[282] von der senegalesischen Republik. Kerngebiet der Bewaffnung innerhalb der Casamance ist die „Basse-Casamance". Aus einer lockeren, lokalen Opposition gegen die Zentralregierung in Dakar entwickelte sich die MFDC: Eine Demonstration am 26.12.1982 gegen die senegalesische Schul- und Bodenpolitik in Ziguinchor wurde als sezessionistischer Akt von der Regierung mit repressiven Mitteln niedergeschlagen.[283] Daraufhin erklärte diese Bewegung Dakar den Krieg.[284] Bereits in den 70er

---

[280] Der Hintergrund des Konfliktes in der Casamance wird auf Grund des begrenzten Rahmens der Arbeit nur sehr vereinfacht dargestellt. Einzeleinheiten können nicht vertieft werden.

[281] Vgl. Marut, Jean-Claude: Le problème casamançais est-il soluble dans l'Etatnation? In: Diop, Momar-Coumba: A.a.O. S. 426. Künftig zitiert als „Marut: Problème".

[282] Das Gebiet der Casamance grenzt nördlich an die Enklave Gambia (anglophon), südlich an Guinea-Bissau (lusophon) und stellt eine geografisch in den Rest Senegals nicht integrierte Region dar. Marut vergleicht die Casamance in etwa mit der französischen Teilregion des Baskenlandes, das vom nationalen Territorium ebenfalls völlig abgetrennt sei. Vgl. Marut: Question. S. 13. Die Casamance stellt ein Siebtel der Bevölkerung und ein Siebtel des Territoriums des Senegals. Vgl. Gasser, Geneviève: «Manger ou s'en aller»: que veulent les opposantes armés casamançais? In: Diop, Momar-Coumba.: A.a.O. S. 461. Künftig zitiert als „Gasser: Manger". Der Name „Casamance" leitet sich aus dem in der Region populären „Casa- Sport" ab, der laut Literatur die Solidarität der Bürger erheblich erhöht hat. (Vgl. auch die ideologische Rede von Diamacoune im Anhang.)

[283] Vgl. Schlichte, Klaus: A.a.O. S. 173. „Vom städtischen Protest zum bewaffneten Kampf".

[284] Vgl. Radio Afrika International: Casamance - Une guerre civile oubliée. A la loupe du 10 janvier 2003. [http://www.radioafrika.net]. Stand Januar 2003. 10.12.2003. S. 1. Künftig zitiert als „RAI".

Jahren kam es in der Casamance besonders durch die Enteignungs- und Migrationspolitik der Regierung zu sozialen, politischen Spannungen, daraufhin sogar zu gewaltsamen Zwischenfällen. Zugewanderte Grundbesitzer aus Nordsenegal wurden bei der Zuteilung von Boden und Ämtern gegenüber der lokalen Bevölkerung in der Casamance begünstigt. Anfang der 80er Jahre verfolgte die Regierung durch eine verwaltungstechnische Neugliederung der Casamance (in zwei Regionen) das Ziel, die Ausdehnung des Widerstandes zu unterbinden und stellte den Protest in der Region um Ziguinchor als Separatismus der „Diola" hin.[285]

b) Historische Determinanten der Casamance

Weder die Casamance als Ganzes noch die Basse-Casamance als Teilgebiet der Casamance waren jemals eigenständige politische Gebilde. Erst unter kolonialer Verwaltung[286] wurde die Casamance zu einer territorialrechtlichen Einheit, die sich jedoch der politischen Kontrolle schon dadurch entzog, dass die „Verbindungsglieder zwischen kolonialer Verwaltung und lokaler Bevölkerung"[287] fehlten. Während in Nordsenegal klientelistische Strukturen politischer Herrschaft und an den Küsten wirtschaftliche, dynamische Gebiete entstanden, scheiterte Frankreichs Bestreben nach profitträchtigem Handel hingegen in der Casamance.[288] Dadurch setzten sich Subsistenzwirtschaft[289] und eine insgesamt nur marginale Einbindung in den Weltmarkt fort. Eine erfolgreiche Integration in die Weltwirtschaft wurde erst schrittweise ab 1960 erreicht. Die Casamance steht insgesamt für gegensätzliche Entwicklungen wie „fortschreitende Islamisierung" einerseits und „koloniale Unterwerfung"[290] andererseits. Erst unter französischer Administration entwickelte sich ein Zusammengehörigkeitsgefühl.[291] Charakteristisch für die Region bzw. für den Westen der Basse-Casamance

---

[285] Vgl. Schlichte, Klaus: A.a.O. S. 174. Die Diola stellen die wichtigste Ethnie in der Region um Ziguinchor, der lokalen Hauptstadt der Casamance, dar. (Vgl. zur Diola-Bevölkerung die Karte im Anhang.)

[286] Die Casamance gehörte seit Ende des 19. Jahrhunderts zum französischen Kolonialreich. Seit dem 17. Jahrhundert stand das Gebiet noch unter portugiesischer Hoheit. (So auch Guinea-Bissau)

[287] Schlichte, Klaus: A.a.O. S. 179.

[288] Die südlich des Gambia-Flusses liegende Casamance zählt sich zur guineischen Region. Die Gebiete südlich des Gambia-Flusses „waren ökonomisch zunächst wenig interessant". Schlichte, Klaus: A.a.O. S. 180.

[289] Subsistenzwirtschaft bezeichnet eine Form der landwirtschaftlichen Produktion, die nur auf Eigenbedarf zielt.

[290] Schlichte, Klaus: A.a.O. S. 178 f.

[291] Vgl. Ebenda. S. 176. „Auch die mit dem Namen ‚Diola' chiffrierte diffuse ethnische Identität ist ein Produkt der Kolonialzeit."

ist, dass der bewaffnete Widerstand während des französischen Expansionismus noch bis in die 1920er Jahre andauerte. Durch Zugewanderte aus Ost- und besonders Nordsenegal war die Casamance einem starken Assimilationsdruck ausgesetzt, so dass die lokale Bevölkerung die Frontstellung mit den „Nordisten"[292] als eine zweite Kolonisation empfand. Alle diese Faktoren sorgten für eine nachkoloniale Entwicklungsgeschichte voller Gegensätzlichkeiten und damit verbundenen Problempotenzialen für den senegalesischen Staat.

c) Die sezessionistisch agierenden MFDC - Rebellen

Ein solches Problempotenzial ist die MFDC, vor allem aber der bewaffnete Flügel der Rebellenbewegung „Attika", der in den 90er Jahren radikale Strukturen annahm und seitdem einen gewaltsamen, terroristisch geprägten Kampf gegen die Zentralregierung führt.[293] Die Bewegung begreift sich als Fortsetzung der gleichnamigen 1947 gegründeten MFDC, die aus dem „Bloc Démocratique Sénégalaise" hervorging.[294] Die Mitglieder der Bewegung sind heute prinzipiell Bauern, Fischer, kleine Angestellte und Beamte, die die Bevölkerung der Basse-Casamance sehr genau repräsentieren. Demnach bilden überwiegend einfache, muslimische Bürger die Basis der Bewegung. Der engere Führungskreis hingegen besteht aus Intellektuellen und Militärangehörigen, wobei letztere vor allem ehemalige Soldaten der senegalesischen Armee sind - wie beispielsweise im Fall von Sidy Badji[295], der Führer der „Front Nord" war. Auf Grund der heterogenen Zusammensetzung spaltete sich die MFDC zum Jahreswechsel 1991/92: In die „Front Sud" (südlich des Flusslaufes) und „Front Nord", die nördlich des Flusslaufes agiert und wegen des politischen Arms im Parlament größere Dialogfähigkeit mit der Regierung beweist. Das Ziel der Sezession hat sie daher zu Gunsten einer Regionalisierung aufgegeben.[296] Das wiederum wird in den

---

[292] Damit sind die aus Nordsenegal überwiegend aus der Ethnie „Wolof" stammenden Zuwanderer gemeint.

[293] Vgl. Gasser: Manger. S. 462. Gasser erläutert den militanten Flügel wie folgt: „[...] d'une section armée de guérilla du MFDC [...]." Eine Radikalisierung stellen Beobachter mit Gründung der „Attika" ab 1985 fest, die den Guerillakrieg erst initiierte. Die in den 90er Jahren statt findenden terroristischen Aktivitäten sind anhand der Kriegsführung in der Fallstudie detaillierter zu prüfen.

[294] Vgl. Schlichte, Klaus: A.a.O. S. 193. Die Bewegungen sind aber keinesfalls miteinander vergleichbar. Die MFDC der 40 und 50er Jahre fungierte als klientelistische Verbindung zwischen Zentralstaat und lokaler Bevölkerung.

[295] Badji (starb am 26.05.2003) genoss wegen seiner Kampferfahrung in der französischen Kolonialarmee in Algerien und Indochina großes Charisma. Heutiger Führer der „Front Nord" ist Mamadou Krumah Sané.

[296] Vgl. Schlichte, Klaus: A.a.O. S. 194 f.

Reihen der „Front Sud" nicht begrüßt, denn in dem unter Salif Sadio ge-
führten militärischen Flügel agieren radikalisierte Rebellen und streben
nach Sezession. Eine politische, intellektuelle Autorität der Bewegung
stellt hingegen Augustin Diamacoune Senghor[297] dar, dessen Führung aber
wegen ausbleibender politischer Erfolge nicht mehr in allen Teilen des Gebietes legitimiert ist. Seine Basis bleibt lediglich lokal in seiner Heimat um
Oussouye und im städtischen Ziguinchor verankert.[298] Der aktuelle
Generalsekretär der MFDC ist Jean Marie Biagui.[299]

4.2 Das Fallbeispiel Senegal in Westafrika: Instabilisie-
rung durch den Krieg?

Bei Betrachtung sowohl der vergangenen als auch der aktuellen Situation
ist festzustellen, dass es einerseits dem senegalesischen Staat bisher nicht
erkennbar gelungen ist, den Aufstand effektiv zu unterbinden, andererseits
die Guerilleros dem Staat keine politischen Zugeständnisse abverlangen
konnten. Indessen verschärft sich der Konflikt durch die zunehmende Radikalisierung und Militarisierung der Guerilleros sowie auch durch die har-
sche Reaktion der Regierung. Der Krieg könnte daher dauerhaft zu einer
Existenzfrage des Staates werden und dessen Handlungsautonomie und
Legitimation gänzlich aufheben. Marut verweist darauf, indem er günstige
Rahmenbedingungen für die MFDC nennt, durch die dem Staat die An-
griffsflächen strategisch entzogen werden: „Die Rebellen profitieren von
vorteilhaften Bedingungen im Rahmen des Guerillakrieges: Zunächst durch
die Beschaffenheit der Natur, in der Waldgebiet vorherrscht, [...] sodann
durch die Grenzlage, die ihnen Rückzugsmöglichkeiten bietet [...]."[300]

---

[297] nicht mit dem ersten Präsidenten Senegals Léopold Sédar Senghor (1960-80) ver-
wandt. Diamacoune, unter dessen „geistiger" Führung die MFDC steht, gilt in der senegalesischen Presse als „chef historique" [dt. historischer Chef bzw. Führer].
[298] Vgl. Schlichte, Klaus: A.a.O. S. 194. Oussouye und Ziguinchor liegen in der Basse-
Casamance. (Vgl. Karten im Anhang)
[299] Vgl. Diawara, Alassane: Mort du fondateur de l'aile militaire du MFDC: La branche
armée perd son chef historique. Le Soleil, 27.05.2003.
[http://www.lesoleil.sn/recherche/article.CFM?article_id=27334&article_edition=9894]
18.12.2003. / Vgl. Seye, Abdoulaye: MFDC: Jean Marie François Biagui reste secrétaire général. Le Soleil, 27.11.2003. [http://www.lesoleil.sn/recherche/article.
CFM?article_id=32487&article_edition=10046]. 18.12.2003. Biagui (mit Unterbre-
chungen Generalsekretär) entstammt der Untersektion Lyon in Frankreich.
[300] Marut: Question. S. 80. [„Ein günstiges Territorium für die Guerilla"]

4.2.1 Teilhypothese 1: Territorialer Verfall durch Sezessionismus und Kriegsökonomisierung - Messkriterien: Territorialität und Legalität

Territorialer Verfall verweist auf eine dauerhafte Destabilisierung oder illegitime Zersplitterung des Staatsgebietes. Dies ist sowohl auf politische als auch ökonomische Faktoren zurückzuführen. *Politisch* erklärbar wird territoriale Instabilisierung durch sezessionistisch bestimmte Zielbestimmungen der Rebellen, durch die die im Staatsgebiet geltende Hoheitsfunktion des Staates in Frage gestellt und dem verfassungsrechtlichen Auftrag der Regierung widersprochen wird. Denn indem die MFDC das Gebiet der Casamance als ihr eigenes Territorium deklariert[301] und dabei ihre regionalistischen Partikularinteressen geltend macht, wird das in der Verfassung betonte Ziel der staatlichen Einheit[302] gefährdet: Die Devise „ein Volk - ein Ziel - ein Glaube"[303] wird hinfällig. Vor dem Hintergrund einer homogenen Nation mit einem homogenen Territorium bewertet die senegalesische Regierung jede Form von Partikularismus als illegitim: „[...] jede Art von regionalistischer Propaganda, welche die innere Sicherheit des Staates oder die territoriale Integrität der Republik beeinträchtigen könnte, wird gesetzlich bestraft."[304] Der Separatismus der MFDC ist demzufolge eine Form von regionalistischer und gewaltsam ausgetragener Propaganda, die die territoriale Integrität unterläuft. Denn für die Regierung existiert auf senegalesischem Staatsgebiet nur ein Volk, für die MFDC existieren hingegen zwei: Das senegalesische Volk im Norden und das der Casamance im Süden, deren Staatsgrundlage noch fehlt und mit der Unabhängigkeit erkämpft werden soll.[305]

Marut erkennt in dieser problematischen Divergenz der Betrachtungen bzw. in den sezessionistisch motivierten Diskursen der MFDC das Folgeproblem einer territorialen Zersetzung des Staates, indem er fragt, ob es

---

[301] Vgl. Marut: Problème. S. 441. / Gasser: Manger. S. 470. Obwohl sowohl Autonomie (Front Nord) als auch Sezession (Front Sud) gefordert werden, wird der „einschlägigere" Tatbestand „Sezession", der den Staat politisch am meisten bedroht, zu Grunde gelegt.

[302] Vgl. Senegalesische Verfassung, Präambel: „[...] das Fundament der nationalen Einheit" oder „das unantastbare Prinzip der Integrität des nationalen Territoriums und der nationalen Einheit mit dem Respekt kultureller Besonderheiten [...]". Das Argument der territorialen Destabilisierung durch die MFDC wird von der Regierung fortwährend vorgebracht, um den Konflikt als reines Sicherheitsproblem zu bewerten. Vgl. Marut: Problème. S. 425 f.

[303] Senegalesische Verfassung, Art. 1 Abs. 3.

[304] Ebenda. Art. 5.

[305] Vgl. Marut: Question. S. 25.

sich in der Region Casamance, Gambia und Guinea-Bissau um eine „Balkanisierung"[306] handele. Hahlweg betont dabei - wie auch Daase - den Kriegsaustragungsmodus eines Guerillakrieges[307] und verweist auf dessen begrenzte Reichweite. Ein Guerillakrieg sei ein territorialer Krieg[308] mit lokaler oder regionaler Begrenzung. Territoriale Zersplitterung des Staatsgebietes ließe sich hiernach auf lokale oder regionale militärische Kämpfe zurückführen. Dieses Phänomen ist in den ersten Kriegsjahren in der Casamance klar erkennbar: Bewaffnete Auseinandersetzungen der Rebellen konzentrierten sich laut Marut in der West-Casamance. Orte wie Kasa (Oussouye), Blouf (Bignona) und Ziguinchor (Regionalhauptstadt der Basse-Casamance) gelten noch immer als wichtige Rebellengebiete, wo gekämpft und rekrutiert wird. Während sich bis 1995 die Kämpfe prinzipiell in der Basse-Casamance ereigneten, dehnte sich der Konflikt danach jedoch bis in die „Moyenne Casamance"[309] und zur Grenze nach Guinea-Bissau aus. Ab diesem Zeitpunkt waren beide Gebiete, Basse- und Moyenne Casamance, gleichermaßen von Gewalt- und Waffenanwendung betroffen. Im Jahre 1998 eskalierte der einst lokale Konflikt jedoch im Herzen Guinea-Bissaus, in dessen Hauptstadt die senegalesische Armee intervenierte.[310]

Das Sezessionsbestreben seitens der MFDC wird explizit als politisches Interesse propagiert, das es im Macht- und Interessenskonflikt mit dem Staat durchzusetzen gilt: „[...] gestern war es die Unabhängigkeit, heute ist sie es und für immer Unabhängigkeit [...]."[311] „Auf dass wir die

---

[306] Marut: Problème. S. 441.

[307] Der Beweis, dass es sich in der Casamance tatsächlich um einen Guerillakrieg handelt, wird in Teilhypothese 2 erbracht.

[308] Vgl. Hahlweg, Werner: A.a.O. S. 213.

[309] Moyenne-Casamance: Pakau, Balantacounda (östlich von Ziguinchor) - Département Sédhiou

[310] Vgl. Marut: Question. S. 80-86. Immer mehr Rebellen der Casamance tauchen wegen der geografischen Grenznähe in Guinea-Bissau unter. Am 7. Juni 1998 ereignete sich in Guinea-Bissau ein Putschversuch des ehemaligen Armeechefs Ansumane Mane gegen den Präsidenten Joao Vieira. Mane stand unter Verdacht, den senegalesischen Rebellen Waffen geliefert zu haben und wurde daraufhin entlassen. Auf der Seite Vieiras intervenierten Truppen aus Senegal und Guinea. Die Kriegsparteien lieferten sich blutige Gefechte. Die MFDC verbündete sich dabei mit Mane und eroberte bis auf die Hauptstadt ganz Guinea-Bissau. Am 2.11. wurde unter Vermittlungen von Gambia und Nigeria auf dem ECOWAS-Gipfel in Gambia ein Friedensabkommen unterzeichnet. Mit dieser Intervention in Guinea-Bissau nutzte Senegal mit seinen Regierungstruppen jedoch augenfällig sein Militärpotenzial, um zugleich energisch gegen die MFDC vorzugehen.

[311] MFDC, Le Secrétariat Général: Lettre ouverte aux „cadres" de Casamance. Ziguinchor, le 30.08.1993. In: Biagui, Jean-Marie: Sénégal: Trois Manifestes. Pour la Paix en Casamance. Paris 1994. S. 105.

Unabhängigkeit erhalten, wenn nicht, werden wir sie mit unseren eigenen Mitteln erreichen"[312], so lautet beispielsweise die Propaganda dreier Kämpfer mit ihren Waffen. Auch Fragen wie „hat Senegal das Recht, sich der Casamance zu bemächtigen?"[313] oder die Behauptung, dass die Casamance ein autonomes ausländisches Territorium innerhalb Senegals sei, dessen Bürger sich von den Senegalesen grundsätzlich unterschieden[314], bestätigen bereits ausdifferenzierte politische Teilinteressen. Gasser veranschaulicht die Partikularinteressen der MFDC anhand Diamacounes Konzept der „Nicht- Senegalität"[315] der Casamance. So sei die Casamance bei Senegal, nicht im Senegal, weil sie laut juristischer Definition niemals in die senegalesische Kolonie integriert gewesen sei. Es handele sich demnach um ein eigenständiges Territorium.[316] Bezüglich dieser ideologischen Diskurse stellt Diamacoune die wichtigste symbolische Figur der Unabhängigkeitsbewegung in der Casamance dar.[317]

Die Forderung nach Sezession impliziert demzufolge eine *politisch* motivierte territoriale Abspaltung der Casamance vom Staatsterritorium, die ideologisch verfochten wird. *Völkerrechtlich* betrachtet geht sie mit der Erlangung eigener Rechtssubjektivität einher: Ein vom Senegal unabhängiger, handlungsautonomer Staat soll entstehen, der von der internationalen Völkergemeinschaft Anerkennung findet. Dieses Bestreben schlägt sich in dem Vorwurf der politischen Autoritäten der MFDC gegenüber der Regierung nieder, im Staatswerdungsprozess die „Senegalität" lediglich entlang der jakobinischen Prinzipien ausgelegt und regionale Besonderheiten nicht hinreichend berücksichtigt zu haben.[318] Dadurch symbolisieren die Guerilleros eine klare Ablehnung des aktuellen Herrschaftsverbandes und des damit verbundenen Rechtsstatus. Herrschaft über die im Staatsgebiet lebenden senegalesischen Bürger im Sinne Zippelius' wird durch die dekla-

---

[312] Agence France Presse (AFP): Sénégal. Des combattants casamançais demandent des comptes à l'Abbé Diamacoune. Ziguinchor 22.12.2003.
[http://isenegal.free.fr/casamance/13.htm]. 26.12.2003. Künftig zitiert als „AFP".

[313] Biagui, Jean-Marie: A.a.O. S. 139.

[314] Vgl. Ebenda. S. 140.

[315] Gasser: Manger. S. 463.

[316] Vgl. Conseil des Organisations non Gouvernementales d'Appui au Développement (Congad): 20 ans de conflit en Casamance. Les Cahiers du Congad. Revue semestrielle. Nr. 2 juin 2002. Dakar 2002. S. 59. Es handelt sich um ein abgedrucktes Interview mit Diamacoune, das Congad geführt hat. Künftig als „Congad" zitiert.

[317] Vgl. AFP: Sénégal. L'Abbé Diamacoune, figure emblématique du séparatisme casamançais. Ziguinchor 19.12.2003. [http://isenegal.free.fr/casamance09.htm]. 26.12.2003.

[318] Vgl. Collectif des Cadres Casamançais (CCC), Cissé, B. Mady (Président) / Sagna, Alphonse / Baldé, Oumar: Journées de réflexions (Dakar, 23.-24.03.2002). Rapport de la Commission Nr. 1 sur les aspects politiques et institutionnels. [http://www.ccc.atepa.com/ccc%20rapport%20commission%201.pdf]. 26.12.2003. S. 1. Zur Erklärung von „jakobinisch" vgl. Unterkapitel 2.1.2.

rierte Nichtzugehörigkeit der MFDC in der Casamance hinfällig bzw. auf das restliche Staatsgebiet reduziert.[319] Ebenfalls drückt sich eine Missachtung der monopolisierten Staatsgewalt durch die Rebellen aus, denn das Erheben der Waffen innerhalb des senegalesischen Staatsterritoriums unterläuft das originäre Waffenprivileg des Staates. So wird das verfassungsrechtlich geforderte „patriotische Engagement" und die „Solidarität"[320] der Bürger, eine einheitliche Staatsnation zu bilden bzw. deren Konsolidierungsprozess voranzutreiben, durch die Guerilleros und deren Ziele obsolet. Darüber hinaus kann der senegalesische Staat der Aufgabe, sein Territorium ordnungsgemäß zu kontrollieren, nicht mehr gerecht werden. Denn die staatliche Regelungs- und Schutzfunktion als originär hoheitliche Aufgabe versagt vor dem Hintergrund kriegerischer Gewalt, die als Mittel zur Umstellung der wirtschaftlichen, politischen und sozialen Ordnung im nahezu rechtsfreien Kriegsgebiet fungiert. Die Destabilisierung des Staatsterritoriums bzw. die schrittweise Auflösung von Territorialität spiegelt sich daher nicht nur in der „Verkleinerung des von der Regierung kontrollierten Territoriums", sondern gerade auch im „Zusammenbruch staatlicher Einrichtungen"[321] wider.

Denn in solchen von Rebellen beherrschten Gebieten entsteht ein Sicherheitsproblem, da Kriegsgebiete tendenziell jeder staatlichen Kontrolle entzogen sind. Robin zufolge sei sowohl die Anzahl der Attacken angestiegen als auch das Gewaltpotenzial insgesamt erhöht: „Von Frieden ist nicht die Rede, im Gegenteil, der Kampf geht weiter."[322] Die Casamance wird heute immer weniger als Zielgebiet empfohlen, da sie als eine Zone erhöhter Sicherheitsrisiken bewertet wird.[323] Jugendliche aus und um Ziguinchor bezeichnen die Sicherheitslage als alarmierend defizitär.[324] Die Casamance sei, kurz gefasst, eine tödliche Gegend. So bilanzierte Congad schon im Jahr 2000 eine identische Bestandsaufnahme: Demnach dominiert noch

---

[319] Dadurch könnte der Senegal insgesamt auseinander brechen, da sich auch Zentrifugalkräfte in anderen peripheren Regionen wie Tambacounda und Saint Louis verschärfen könnten. Vgl. Marut: Question. S. 13-15. (vgl. dazu Karten im Anhang.)

[320] Senegalesische Verfassung, Präambel.

[321] Kopp, Pierre: Embargo und wirtschaftliche Kriminalisierung. In: Jean, F. / Rufin, J.-C. (Hrsg.): A.a.O. S. 353.

[322] Interview am 20.08.2002 mit Nelly Robin, zuständig für die wissenschaftliche Recherche, IRD - OIM (Institut de Recherche pour le Développement - Organisation Internationale pour les Migrations). Rue 5 x J Point E, Dakar, Senegal.

[323] Vgl. Congad: A.a.O. S. 40. Auch die senegalesische Presse bestätigt nachdrücklich den großen „Gefahrengrad der südlichen Region". Senegalaisement: Casamance: Mines anti-personnel, insécurité et mafia. Mise en garde. 12.12.2003. [http://www.senegalaisement.com/senegal/independance_casamance.html]. 26.12.2003. S. 1.

[324] Vgl. Congad: A.a.O. S. 33.

immer ein Bild verlassener Dörfer, in denen von einfachen Jagdgewehren bis zur Kalaschnikow, von schweren Waffen bis zu Raketengeschossen alles gefunden wird.[325]

In Anlehnung an Münkler[326] ist das Phänomen der defizitären Sicherheit demzufolge in den Kontext der Entstehung von Kriegsökonomien einzuordnen, die sich in der Casamance abzeichnet und den Friedensprozess laut Oxfam insgesamt verzögert.[327] Die seitens der senegalesischen Regierung unkontrollierbare Waffenzirkulation der Guerilleros ist ein Indiz für eine zunehmend sich staatlicher Überwachung entziehende Kriegswirtschaft. Damit eng verknüpft ist das Phänomen der Drogenkultur, die sich im Anbau und Vertrieb von diversen Hanfpflanzen auf den Feldern in der Casamance niederschlägt. Auch ein hohes Gewaltniveau, Kriminalität, Bandenbildung und Prostitution tragen zum Sicherheitsdilemma im Staatsgebiet insgesamt bei.[328]

Aber nicht nur der Sicherheitsfaktor erweist sich in der Kriegsregion als unzureichend. Die dortige völlig zerstörte Infrastruktur bringt langfristige Probleme wie fehlende Bildung und stark ausgeprägte Arbeitslosigkeit mit sich. „Über achtzig Prozent der Infrastruktur in der Basse-Casamance gelten als zerstört."[329] Angesichts der Tatsache, dass zahlreiche Schulen geschlossen und viele Kinder und Jugendliche bereits zu Vertriebenen geworden sind, scheint eines der größten Probleme des Krieges die Krise der jungen Menschen zu sein.[330] Gemäß Mané, der seinen Artikel mit „Kampf gegen die Arbeitslosigkeit in Ziguinchor" betitelt, ist etwa ein Drittel der Jugendlichen im Alter von 15 bis 25 Jahren in der Casamance auf der Suche nach Arbeit: „Ist es nicht eine perfekte Illustration der Armut im südlichen Teil des Landes, der von einer seit zwei Jahrzehnten tobenden Krise heimgesucht wird?"[331], provoziert Mané und veranschaulicht damit die prekäre, katastrophale Situation in der Kriegsregion.

---

[325] Vgl. Ebenda. S. 33 f.

[326] Vgl. Kapitel 3 „Problembestandsaufnahme", insbesondere 3.1.2 [Kriegsherrentum].

[327] Vgl. Interview am 19.08.2002 mit Ndéye Rosalie Lô und Paul Takow, Regional Information Office. Oxfam America. Regional Office for West Africa, Rue 3 x D, Point E, Dakar, Senegal.

[328] besonders in und um Ziguinchor in der Casamance. Vgl. Congad: A.a.O. S. 40.

[329] Lentze, Matthias: Senegal (Basse-Casamance). Krieg. AKUF. [http://www.sozialwiss.uni-hamburg.de/publish/Ipw/Akuf/kriege/191_senegal_print. htm]. Stand Juli 2003. 22.12.2003.

[330] Vgl. Congad: A.a.O. S. 54.

[331] Mané, Mamadou Pape: Economique. Lutte contre le chômage à Ziguinchor. Walfadjri, Nr. 8542, 09.10.2003. [http://www.walf.sn/economique/suite.php?rub =3&id_art=4638]. 22.12.2003. Walfadjri ist eine arabisch geprägte, islamische (regierungsunabhängige) Tageszeitung (mit großer Resonanz) im Senegal.

Unter diesen Rahmenbedingungen wird territoriale Instabilisierung *wirtschaftlich* erklärbar. Denn in einer solchen schlechten wirtschaftlichen Situation ist der Anreiz für junge Männer, sich für den Krieg rekrutieren zu lassen, sehr hoch. Dies bestätigt RAI, denn die Arbeitslosigkeit der Jugendlichen wird ein immer ernsteres Problem und veranlasst vor allem junge Menschen, sich der Rebellion anzuschließen.[332] An dieser Stelle bietet Rational Choice eine angemessene Erklärung, aus welchen Gründen jene Männer zu Kämpfern in einem seit 20 Jahren andauernden Krieg werden. Die Teilnahme am Krieg ist schon daher rational, weil der marginale Gewinn, sich in einer vom Krieg zerrütteten Gesellschaft am Leben zu erhalten und an Status zu gewinnen, größer ist als die marginalen Kosten, als mittelloser Kriegsflüchtling schließlich vertrieben zu werden. Eine Kriegsökonomie, die den Rahmen für jene perspektivlosen Männer bildet, lässt sich im Senegal an dauerhaft informeller Herrschaft[333] identifizieren. Diese spiegelt sich im Verhältnis der Rebellen zu den lokal ansässigen Bauern wider: Für alle landwirtschaftlichen Erzeugnisse der Bauern erhebt die MFDC eine Abgabe, die sowohl sie selbst alimentiert als auch die Tätigkeiten der Guerilla insgesamt finanziert. Wenn die Bauern ihre Produkte selbst vermarkten, müssen sie eine zusätzliche Abgabe leisten.[334] Zwar ist die Höhe der Einkünfte der Rebellen generell schwer abschätzbar. Labrousse bestätigt jedoch mit der Schilderung einer im Juli 1995 beschlagnahmten Ernte von 120 Tonnen Cannabis eine insgesamt enorme Einnahmequelle: Die bei dieser Operation durch senegalesische Ordnungskräfte beschlagnahmte Ernte, „die in der Casamance direkt vom Feld 50 000 CFA - Francs wert war, hätte 600 Millionen CFA - Francs [...] einbringen können"[335]. Auch ist eine direkte Verknüpfung mit dem Waffenhandel erkennbar. Denn der Verkaufspreis von Cannabis ermöglicht wiederum die Finanzierung von Waffenkäufen: „Aus dem Verkauf von Cannabis stammen etwa 60 bis 70 Prozent der Geldeinnahmen der MFDC."[336] Eine derartig etablierte Kriegsökonomie bietet den Protagonisten des Konfliktes daher im Lichte des Rationalitätsprinzips offensichtlich zahlreiche Vorteile: „Waffenhändler, die Kleinwaffen aus Sierra Leone und Liberia über Guinea-Bissau nach Senegal schmuggeln, Drogenhändler, die auf den verlas-

---

[332] Vgl. RAI: A.a.O. S. 2.

[333] Vgl. Münkler: Kriege. S. 169.

[334] Vgl. Labrousse, Alain: Territorien und Netzwerke: Das Drogengeschäft. In: Jean, F. / Rufin, J.-C.: (Hrsg.): A.a.O. S. 385. Künftig zitiert als „Labrousse: Drogengeschäft".

[335] Ebenda. Das entspricht in etwa sechs Millionen Francs, zwei Millionen Deutsche Mark oder einer Million Euro.

[336] Ebenda. „In manchen Quellen findet sich der Hinweis auf Waffenlieferungen, die per Schiff aus Liberia oder Guinea-Bissau kamen. Diese Waffen wurden wahrscheinlich noch auf hoher See gegen Marihuana getauscht. Die letzte und lukrativste Vermarktungsstufe wurde von professionellen Schmugglern organisiert." (385)

senen Feldern Drogen anbauen und exportieren, ausgemusterte Söldner der Bürgerkriegsländer der ganzen Region, die im Casamance-Konflikt Fortune machen wollen, und kriminelle Banden, die unter dem Deckmantel der Rebellenbewegung rauben und plündern."[337] Wirtschaftskriminelles Agieren der Rebellen lässt sich laut senegalesischer Presse[338] in der Verfestigung einer lokal einflussreichen Mafia in der Casamance ablesen. Münklers Aussage, dass die im Krieg agierenden Kämpfer den Kriegsgewinn selbst abschöpfen, bestätigt sich.[339] Der Krieg wird für die Rebellen eine wirtschaftlich hoch rentable Unternehmung. Sie verfügen über Handlungsfreiheit, indem ausschließlich sie selbst über die Privatisierung der im Krieg erzielten Gewinne entscheiden können.[340]

Verschärfendes Element dieser Kriegsökonomie und deren Ausbreitung sind Münkler zufolge Transnationalisierungstendenzen: So kann „ein innerstaatlicher Krieg innerhalb kürzester Zeit Staatsgrenzen überspringen und sich zu einem transnationalen Krieg ausweiten"[341]. Demzufolge ist Hahlwegs Argumentation eines lokalen oder regionalen Guerillakrieges nur politisch und unter Heranziehung des Motivs „Sezessionismus" haltbar, nicht aber unter wirtschaftlichen Aspekten. Denn bei Betrachtung der ökonomischen Bedeutung des Krieges ist eine über Staatsgrenzen hinausgehende Reichweite festzustellen. Der Casamance-Konflikt stellt bereits ebenfalls eine transnationalisierte Kriegsökonomie dar, da die kriegserschütterte Region der Casamance als Umschlagplatz für Waffen und Drogengeschäfte in ganz Senegal gilt. Die westafrikanische Region steht für eine Reihe von bürgerkriegszerrütteten Staaten wie Sierra Leone, Liberia und Côte d'Ivoire, mit denen überregionale Kriegsökonomien etabliert werden können. Laut Congad bietet der Krieg in der Casamance bereits einen rechtsfreien Raum, der vor allem den Waffenschmuggel ermöglicht, erleichtert sowie intensiviert. Dadurch, dass es auch ein „Krieg der Armen"[342] ist, werden tendenziell klassische Waffen gehandelt wie Kalaschni-

---

[337] Gierczynski-Bocandé, Ute: Regierung Senegals gerät nach Schiffskatastrophe ins Wanken. 07.10.2002. Konrad-Adenauer-Stiftung (KAS).
[http://www.kas.de/publikationen/2002/897_dokument.html]. 22.12.2003.
[338] Vgl. Senegalaisement: Casamance: Mines anti-personnel, insécurité et mafia. A.a.O. S. 1.
[339] Vgl. Münkler: Kriege. S. 161.
[340] Vgl. Ebenda. S. 162.
[341] Ebenda. S. 157. Münkler nennt u.a. als einen exemplarischen Fall die Afghanistankriege (1979 / 2000), die klar erkennbare Transnationalisierungs- bzw. Internationalisierungstendenzen zeigen. Im Laufe des Krieges haben ökonomische Interessen die originär politischen Ziele überlagert. (163-167)
[342] Congad: A.a.O. S. 26.

kows oder Raketengeschosse. Die leicht durchlässigen Grenzen[343] ermöglichen einen intensiven Handel und tragen zur Vergrößerung einer illegalen Kriegsökonomie bei: „Die Waffen sickern prinzipiell durch die poröse Grenze zwischen Senegal und Guinea-Bissau durch. Eine nicht kalkulierbare Anzahl von Waffen zirkuliert daher in dieser südlichen Region."[344] Auch kommen zahlreiche Waffen der Rebellen über die gambische Grenze in die Casamance.[345] Was die Drogenkultur betrifft, gibt es im Norden der Casamance heute laut Alioune Tine Gebiete, die mehr oder weniger ausschließlich für den Anbau und Handel mit Hanf ausgelegt sind.[346] Indischer Hanf wird in einigen Regionen der Casamance - beispielsweise um und in Sindian - auf großen Feldern angebaut.[347] Marut nennt diese Entwicklung „Yamba-Kultur", die den lokalen Cannabisanbau bezeichnet.[348] Vor allem Gambia und Guinea-Bissau profitieren als unmittelbare Grenzstaaten vom Handel mit Haschisch. In diesem globalisierten, nahezu rechtsfreien Wirtschaftskreislauf finanziert sich der Krieg in der Casamance und wird demzufolge „billig"[349].

Vor diesem Hintergrund, dass „sich der Krieg wieder lohnt"[350], verkörpert der individuelle MFDC-Anhänger den „homo oeconomicus", der Profitmaximierung anstrebt. In einer zerstörten öffentlichen Infrastruktur mit fehlenden Ausbildungs-, Bildungs- und Erwerbstätigkeitsalternativen besteht die ökonomische Rationalität der Kriegsakteure darin, Gewalt als „Mittel der Einkommenserzielung"[351] umfangreich zu nutzen. Unzureichende staatliche und rechtliche Kontrolle bietet den Rahmen für eine dominierende Gewaltkultur in der Casamance: „[…] Situation der Gewalt, mit der die Casamance konfrontiert wird."[352] Unter Gewaltanwendung werden ursprünglich staatlich geregelte und kontrollierte Tauschverhältnisse verzerrt

---

[343] in Verbindung mit den schlecht ausgebildeten und unzureichend ausgerüsteten Armeen der Nachbarstaaten in den Grenzzonen.

[344] Congad: A.a.O. S. 26. In ihr etablieren sich Warlords, die sich durch Gewaltanwendung Waffen aneignen.

[345] Vgl. Gierczynski-Bocandé, Ute: A.a.O.

[346] Alioune Tine ist Generalsekretär der lokalen Menschenrechtsorganisation „Raddho" (Rencontre Africaine pour la Défense des Droits de l'Homme) in Dakar (Senegal). Vgl. (Reportage) Casamance: Entre guerre et paix. Le Courier ACP-UE. Nr. 196. Januar / Februar 2003. [http://europa.eu.int/comm/development/body/publications/courier/ courier196/fr077.pdf]. 22.12.2003.

[347] Vgl. Congad: A.a.O. S. 39. (Vgl. Überblick der Cannabis-Kultur im Anhang.)

[348] Vgl. Marut, Jean-Claude: Résistances de la société civile. Ligne dure face à la Casamance. Le Monde Diplomatique. Oktober 1998. [http://www.monde-diplomatique.fr/1998/10/Marut/11136]. 26.12.2003. S. 2.

[349] Münkler: Kriege. S. 131.

[350] Ebenda. S. 159. Münkler spricht von „ökonomischer Zweckrationalität". (161)

[351] Ebenda. S. 162.

[352] Congad: A.a.O. S. 39.

bzw. ihnen wird die Rechtsgrundlage entzogen.[353] Durch diese Asymmetrie sind seitens der Kämpfer keinerlei Regeln mehr zu beachten, da nur Gewalt als Mittel zum Zweck fungiert. Es gelten nur die Regeln der (für sie illegal genutzten) globalen Wirtschaft.

Bezeichnend für den Casamance-Konflikt ist, dass sich Münklers These, „je länger ein Krieg dauert, desto stärker tritt die Ökonomie der Gewalt als eine das Handeln der Akteure bestimmende Macht hervor" bestätigt. Der Konflikt dauert bereits seit zwei Jahrzehnten an, wobei in den ersten Kriegsjahren noch politische Ziele dominierten. Bei Ausdehnung des Konfliktes bis nach Guinea-Bissau etablierte sich eine überregionale Kriegsökonomie, so dass die Casamance aktuell mit Waffen aus den Nachbarstaaten beliefert wird.[354] Auch der Drogenproduktion steht der Staat ohnmächtig gegenüber: „Am Beispiel der Casamance bestätigte sich ebenfalls, dass man die Rebellion und die Drogenproduktion nicht gleichzeitig bekämpfen kann."[355] Denn in zahlreichen Dörfern flohen die betroffenen Anwohner durch in Brandsetzung der Felder.[356] Auf Grund der abwesenden Eigentümer profitierten Bauern aus den benachbarten Gebieten von den Feldern, da sie erneut Cannabis anbauten. Dadurch etabliert sich eine Handlungsbasis für unternehmerisch agierende Warlords, die den Krieg vorantreiben und ökonomisieren und ihn dadurch den gesetzlichen Rahmenbedingungen entziehen.

4.2.2 Teilhypothese 2: Erosion der Staatsgewalt durch Guerillataktik und staatliche Repression - Messkriterien: Macht und Herrschaft

Die Beeinträchtigung der Staatsgewalt lässt sich sowohl auf den *Staat selbst* durch repressive und normwidrige Militärschläge als auch auf die *Rebellen* durch unkonventionelle Guerillataktiken und -praktiken zurückführen. Letztere basieren auf der Konfrontation zweier völlig ungleich gearteter Kriegsakteure, wobei der nichtstaatliche Akteur die Asymmetrie zu seinen Gunsten ausnutzt. Die Ungleichheit der Kriegsgegner findet ihren Ausdruck im Aufeinandertreffen von regulären Regierungstruppen seitens

---

[353] Vgl. Münkler: Kriege. S. 162. Die Verzerrung besteht in der Beschaffung von Gütern durch Gewalt. Gewalt ersetzt sozusagen zuvor rechtlich bestimmte Verhältnisse.
[354] Sogar Ansumane Mané, höchster Offizier des Staates Guinea-Bissaus, ist von der senegalesischen Regierung wegen Waffenhandel mit der MFDC angeklagt. Vgl. Congad: A.a.O. S. 62.
[355] Labrousse: Drogengeschäft. S. 388.
[356] Vgl. Ebenda. „Eine Politik der verbrannten Erde".

des senegalesischen Staates und den Partisanen der MFDC.[357] Daases Ansatz zufolge ist im senegalesischen Fall erkennbar, dass die im Prinzip unberechenbaren und aggressiven Rebellen den überlegenen Militärstatus des Staates mit der Aufstellung eigener Regeln in der Kriegsführung zu unterminieren versuchen. Daase und Hahlweg benennen diese Guerillataktik als „hit-and-run-Aktionen"[358] oder als „unermüdliche Überfälle und Hinterhalte bei Tag und Nacht"[359], die das Widerstandspotenzial des Staates dauerhaft brechen sollen. Denn es handele sich um Truppenverbände, die „in kleine und kleinste, hochbewegliche und allenthalben im Raum verteilte Einheiten zerlegt"[360] seien, „[...] zerstreut, in aufgelöster Ordnung, nicht nach Art der regulären (Linien-) Truppen"[361]. Auch wenn sich der militante Flügel „Attika" bereits 1985 herausbildete, weisen Experten wie Marut den Beginn einer *Guerillaoffensive* im Jahr 1990 nach. Zu dem Zeitpunkt attackierten die Widerstandskämpfer diverse Orte in der Basse-Casamance und traten den Regierungskräften gewaltsam entgegen.[362] Indizien für ein militärisch aggressives Vorgehen der MFDC als hochbewegliche Guerillaeinheit mit eigenen Kampfregeln bestätigt Gasser: „Die Guerilla der MFDC attackiert demnach Militärposten, Zollbeamte, Gendarmerie und andere Personen im Dienste des senegalesischen Staates."[363] Das erste Attentat dieser Art ist laut Marut das auf ein Zollamt an der gambischen Grenze am 20.04.1990, in dem zwei Zollbeamte getötet wurden.[364] Ab diesem Zeitpunkt traten vermehrt Attentate auf Regierungseinrichtungen und deren Personal auf,[365] die sich wegen der ansteigenden Zahl an zivilen Op-

---

[357] Daase benennt reguläre und irreguläre Truppen im Kleinen Krieg. Vgl. Daase, Christopher: A.a.O. S. 95.

[358] Ebenda. S. 94.

[359] Hahlweg, Werner: A.a.O. S. 29.

[360] Ebenda. S. 22.

[361] Ebenda. S. 221.

[362] Vgl. Marut: Question. S. 46.

[363] Gasser: Manger. S. 462.

[364] Vgl. Ebenda. In dem Dorf Séléty.

[365] Vgl. Marut: Question. S. 46.

fern[366] als besonders brutal erwiesen. Für eine veränderte, zunehmend brutalere Angriffstaktik stehen die 90er Jahre: So fanden im Jahre 1992 mehr als 200 Menschen den Tod, als die MFDC den größten Badeort der Casamance attackierte.[367] Der Schutz des Menschenlebens, das verfassungsrechtlich als „sakral"[368] eingestuft wird, verliert damit seinen Anspruch auf Achtung. Vor allem seit Anfang der 90er Jahre, folgert Schlichte, traten vermehrt Anschläge auf „Hotels und Ferienclubs [...]"[369] auf. Ebenso verweist Amnesty International[370] auf zivile Ziele, die immer wieder Angriffspunkt seien. In der Entführung von vier französischen Touristen im Jahre 1995[371] spiegelte sich die Ohnmacht der Regierung wider, Sicherheit nicht mehr gewährleisten zu können. Parallel lässt sich bei den Guerilleros eine Modernisierung und Technisierung der Kriegsführung erkennen.[372] Zudem scheinen sie in ihrer Taktik durch häufigere und gewaltvollere Zusammenstöße insgesamt offensiver geworden zu sein.[373] Mit Verweis auf Fortführung der Guerillaoffensive nennt Gasser das Jahr 1997, in dessen Verlauf wiederum zahlreiche Anschläge verübt und Minenexplosionen verzeichnet wurden.[374] So wäre es nicht möglich gewesen, „zwischen Sabotageakten diverser Fraktionen der MFDC" und „Razzien der senegalesischen Armee [...]"[375] zu unterscheiden. Bewaffnete Überfälle auf die Bevölkerung in der Casamance werden auch von den Bürgern doku-

---

[366] In den 90er Jahren ist ein Wandel der Kriegstaktik festzustellen. Ab diesem Zeitpunkt werden nicht mehr nur staatliche Objekte attackiert, sondern besonders Zivilisten. Die Frage dabei ist, ob dies für eine tendenziell erstarkte oder geschwächte MFDC spricht. Zwar ist das Ausmaß der Gewalt seitens der MFDC mit anderen Bewegungen z.B. in Spanien keineswegs vergleichbar, jedoch bieten sich Parallelen hinsichtlich einer veränderten Kriegsstrategie an: Den schwersten Anschlag in der Geschichte Spaniens am 11. März 2004, bei dem mehr als 180 Menschen umkamen und Militante „[...] offenbar nur noch wahllos bomben [...]", bewerten Experten als „Zeichen der Schwäche einer im Niedergang befindlichen Terror-Truppe". Richter, Nicolas: Bombenanschläge in Madrid. Mörderische Verzweiflung. In: SZ. 60. Jahrgang. Nr. 60 vom 12.03.2004. S. 2.
[367] Vgl. Nollez-Goldbach, Raphaëlle: La Casamance ensanglantée. Violences. 28.03.2002. [http://www.afrik.com/articles4221.html]. 23.12.2003.
[368] Senegalesische Verfassung, Art. 7. Abs. 1.
[369] Schlichte, Klaus: A.a.O. S. 187.
[370] Im Folgenden als „AI" abgekürzt.
[371] Von Ziguinchor nach Cap Skirring (West-Casamance). Cap Skirring ist ein populärer Touristenort an der Atlantikküste im Senegal.
[372] Congad benennt Waffen, die der Kapazität von Vernichtungswaffen ähneln.
[373] Vgl. Congad: A.a.O. S. 23.
[374] Vgl. Gasser: Manger. S. 463.
[375] Ebenda.

mentiert, so in Medina Alpha Sado und Sare Tene.[376] Nollez-Goldbach illustriert die von Gewalt dominierte Situation in der Casamance, indem sie im März 2002 vermehrt auftretende Anschläge nennt: „Am 05.03.2002 kamen drei Menschen auf Grund einer Welle von Plünderungen um. Am 08.03.2002 wurde ein Hotel ausgeraubt, 15 km von Kafoutine gelegen. Am 15.03.2002 wurden vier britische Touristen in einer anderen touristischen Region überfallen, während am letzten Samstag und Sonntag[377] in gleich zwei Departements Attacken verübt wurden."[378] Am 26.03.2002 ereignete sich ein weiteres Attentat: Fünf Tote, vier Verletzte, geplünderte Hotels und Banken.[379] Die Casamance ist Labrousse zufolge eines der zahlreichen Beispiele in Afrika, das für „mit Waffengewalt durchgeführten Raub"[380] steht. Diese „Vielzahl isolierter Gewaltakte"[381] symbolisiert anhand der Abfolge der Einzeltaten das Ausmaß der Gewalt insgesamt, das der Staat weder zu berechnen noch präventiv zu verhindern imstande ist. Hahlwegs Definition von Guerillataktik als „Sabotage, Untergrund, möglichst wirksames Auftreten überall und nirgends im Rücken des Gegners [...]"[382] trifft auf den senegalesischen Konflikt daher zu. Von Sabotageakten spricht Schlichte bereits vor der offiziellen Gründung der MFDC im Jahre 1979.[383] Im Rahmen der militanten „Attika" ist darüber hinaus Sidy Badji[384] die wichtigste militärische Leitfigur in der Unterweisung von Guerillataktiken. Wie „Le Soleil" bestätigt, ist er es, der die jugendlichen Kämpfer an der Waffe und in der Guerillataktik ausgebildet habe.[385] Badji habe die blutigsten Attentate der MFDC zu verantworten, etwa auf den Platz Gao in Ziguinchor und auf die Elektrizitätszentrale in Boutoute in der Peripherie von Ziguinchor.[386]

Im Hinblick darauf, dass der Staat gerade durch diese irreguläre Art von Kriegsführung destabilisiert wird, ist eine Parallele zum Terrorismus zu

---

[376] „Unser Dorf war Zielscheibe einer Razzia bewaffneter Banden, die in der Nacht vom 25. bis 26. Februar 2000 aus Guinea-Bissau kamen." Ein anderer Zeuge: „Am 2. September 2000 wurde unser Dorf von einer bewaffneten [...] Gruppe von Männern attackiert." Congad: A.a.O. S. 30 f.

[377] Vermutlich handelt es sich um den 23. und 24.03.2002, da der Artikel auf den 28.03.2002 datiert ist.

[378] Nollez-Goldbach, Raphaëlle: A.a.O.

[379] Vgl. Ebenda.

[380] Labrousse: Drogengeschäft. S. 385.

[381] Nollez-Goldbach, Raphaëlle: A.a.O.

[382] Hahlweg, Werner: A.a.O. S. 23.

[383] Vgl. Schlichte, Klaus: A.a.O. S. 187.

[384] Vgl. Diawara, Alassane (Le Soleil): A.a.O.

[385] Vgl. Ebenda. Größtenteils handele es sich um ehemalige junge Kämpfer aus der senegalesischen Armee.

[386] Die senegalesische Zeitung „Le Soleil" ist ein regierungsnahes Medium.

ziehen, da die Guerillataktik terroristische Teilelemente beinhaltet: „Attentate, Entführungen, Bombenanschläge an öffentlichen Versammlungsorten, Geiselnahmen [...].“[387] Dahinter stehen Ziele wie die der Einschüchterung oder Erzwingung gewisser Maßnahmen sowie die Beeinflussung von Verhalten. Guerilleros jedoch treten im Unterschied zu Terroristen in größeren bewaffneten Einheiten auf.[388] Durch ihr Anpassungsvermögen an die tendenziell kurzen Attacken der senegalesischen Armee treten sie als bewaffnete Einheit laut Congad sporadisch, aber erkennbar in Erscheinung.[389] Als Fluchtoption und Rückzugsgebiete dienen Wälder,[390] so dass es für die senegalesischen Truppen kaum möglich ist, die MFDC-Anhänger zur Rechenschaft zu ziehen und sie grenzüberschreitend strafrechtlich zu verfolgen: „Um in die Casamance zu gelangen, müssten die Truppen Gambia umfahren oder auf dem Seeweg dorthin gelangen.“[391] Es ist das, was Daase mit „Rückzugsgebieten der Partisanen in schwer zugänglichen Berg- oder Waldgebieten oder gar auf dem hoheitlichen Territorium eines dritten Staates“[392] erläutert. Letzteres bestätigt sich ebenfalls am senegalesischen Fall: Laut Cruise O'Brien, Diop und Diouf gelten sowohl Guinea-Bissau als auch Gambia als in den Konflikt indirekt involvierte Staaten[393], da sie den Separatisten materielle Hilfe bieten und dadurch die senegalesischen Autoritäten in ihrer Guerillabekämpfung schwächen.[394] Konkret wird Guinea-Bissau seitens der senegalesischen Regierung vorgeworfen, sowohl als Stützpunkt als auch als Rückzugsraum für die Rebellen zu fungieren. Marut betont, dass die Grenze zu Guinea-Bissau aus strategischen Gründen von großer Bedeutung für die Rebellen sei. Sie entziehe sich komplett den dort stationierten Sicherheits- und Ordnungskräften, da die Kontrollen äußerst lückenhaft und ineffizient seien.[395] Gambia hingegen biete Transitmöglichkeiten für die MFDC und diene als Kontaktsicherung für führende Kämpfer und mauretanische Autoritäten.[396] Die Existenz ihrer zahlreichen Militärbasen in Gambia und Guinea-Bissau wird

---

[387] Hoffmann, Bruce: A.a.O. S. 52.

[388] Vgl. Ebenda.

[389] Vgl. Congad: A.a.O. S. 23.

[390] Vgl. Ebenda. „Die verstreuten und verfolgten Opponierenden haben sich in den Wald geflüchtet.“ Vgl. auch Marut: Question. S. 82.

[391] RAI: A.a.O. S. 2.

[392] Daase, Christopher: A.a.O. S. 99.

[393] Ein geografischer Überblick der genannten Länder befindet sich im Anhang.

[394] Vgl. Diop, Momar-Coumba: Le Sénégal et ses voisins. In: Cruise O'Brien, Donal / Diop, Momar-Coumba / Diouf, Mamadou: La construction de l'Etat au Sénégal. Collection Hommes et Sociétés. Paris 2002. S. 218. Künftig zitiert als „Diop: Voisins".

[395] Vgl. Marut: Question. S. 83.

[396] Vgl. Diop: Voisins. S. 218.

Rufin zufolge bestätigt.[397] Durch diese in den Nachbarstaaten geschaffenen und etablierten Rückzugsbasen sind die Rebellen weniger verwundbar.[398] In Anbetracht der *asymmetrischen Guerillaoffensive* ist der Staat unter diesen Bedingungen nicht in der Lage, den Gegner mit juristischen Mitteln für einen konkreten Anschlag verantwortlich zu machen. Dies ist jedoch, juristisch betrachtet, ein originärer Handlungsauftrag eines Rechtsstaates, der beispielsweise in Art. 6 der Verfassung zum Tragen kommt.[399] Ebenso unmöglich ist es, sämtliche Ziele im Falle eines Anschlages mit staatlichen Sicherheitskräften lückenlos zu bewachen. Hoffmann nennt es „fundamentale Asymmetrie zwischen der offensichtlichen Fähigkeit der Terroristen, den Eindruck zu erwecken, überall und zu jeder Zeit zuschlagen zu können, und der Unfähigkeit der Sicherheitskräfte, alle erdenklichen Ziele zu schützen"[400]. Es sind demzufolge jene Guerillataktiken bzw. terroristischen Elemente, die demonstrieren, wie verwundbar die staatliche Herrschaftsmacht ist. „So reagieren zum Beispiel Staaten weitaus heftiger auf Bedrohungen, die sich gegen ihre institutionelle Struktur richten - wie Terrorismus - als auf Bedrohungen, die das nicht tun [...]."[401] Gerade die zentrale Berechtigung, die „ausschließlich dem Staat das Recht zubilligt, [...] physische Gewalt anzuwenden"[402], verliert ihren Anspruch. Dadurch, dass der Staat auch als Garant von Frieden und Ordnung ausfällt, herrscht ein nationales Sicherheitsdilemma. Das Territorium kann unter Verweis auf den defizitären Grenzschutz nicht mehr effektiv kontrolliert, die Bürger in der Casamance nicht hinreichend vor Anschlägen geschützt werden. Grundsätzliche verfassungsrechtliche Aufgaben des Präsidenten, „Hüter der Verfassung" zu bleiben, „nationale Einheit zu verkörpern", „Garant territorialer Integrität" sowie „Garant regulär funktionierender Institutionen"[403] zu sein, werden vor diesem Hintergrund nicht mehr oder nur unzureichend erfüllt.

Daases Ansatz zufolge ist wichtig zu betonen, dass die MFDC als nichtstaatlicher Akteur von ihrer *Vergesellschaftungsform* her andere Taktiken und Ziele verfolgt als der Staat. Die irreguläre, terroristische Guerillataktik geht, wie nachgewiesen, vermehrt mit zivilen Opfern und Grausamkeiten einher. Diese Kriegstaktik schadet den Guerilleros jedoch nicht, sondern verschafft ihnen den Nutzen, den Staat mit irregulären Kampfregeln zu

---

[397] Vgl. Ebenda. S. 24.
[398] Vgl. Rufin: Kriegswirtschaft. S. 19 / 39.
[399] Vgl. Senegalesische Verfassung, Art. 6. [Die institutionellen Rechtsorgane des Senegals.]
[400] Hoffman, Bruce: A.a.O. S. 76. Hoffman schildert die Kriegsführung anhand von Zypern und Algerien und vergleicht diese fortlaufend mit Palästina.
[401] Daase, Christopher: A.a.O. S. 47.
[402] Klein, Martina / Schubert, Klaus: A.a.O. S. 276.
[403] Senegalesische Verfassung, Art. 42 Abs. 1-3.

konfrontieren und ihn zu Reaktionen herauszufordern, die für ihn selbst rechtswidrig sind und / oder werden können. Denn „in dem Maße, in dem der Staat sich auf die Kleinkriegsführung einlässt und die Regelverletzung in Kauf nimmt [...], gerät die Sozialintegration des staatlichen Akteurs in Gefahr: Die gesellschaftliche Kohäsion schwindet, die politische Legitimität verfällt [...]"[404]. Laut Daase ist der Staat auf eine bestimmte Kriegsführung strikt festgelegt, die mit der Kontrolle von Territorium und Bevölkerung, mit einem professionalisierten Heer und mit einzuhaltenden verfassungsrechtlich determinierten Gesetzen einhergehen.[405]

Der senegalesische Staat wird aber durch diese Kriegsform und deren Konsequenzen nicht nur in seiner Leistungs-, Steuerungs- und Ordnungsfunktion und damit in seinem Machtpotenzial beeinträchtigt, sondern ihm wird auch seine Legitimität[406] entzogen. Dazu trägt die den Staat zermürbende Guerillataktik jedoch nur teilweise bei, da der Staat durch Repression selbst an der Auflösung seiner Legitimationsbasis beteiligt ist. Durch Rechtsbrüche unterminiert er seine originäre Rechtfertigung, die Grundlage für ein stabil funktionierendes politisches System ist. Dass die Regierung prinzipiell mit militärischen Mitteln auf die Krise reagiert, leitet sich aus ihrer verengten Perspektive ab. Diese drückt sich darin aus, dass sie den Casamance-Konflikt lediglich auf die sicherheitspolitische Dimension der Aufrechterhaltung von Ordnung reduziert. Dadurch ergibt sich „ein radikaler militärischer Lösungsansatz, der jede Art von Dialog ausschließt [...]"[407]. Gewaltsame Repression seitens der Regierungstruppen wird in zahlreichen Quellen bestätigt. Foucher stellt jahrelange repressive Gewaltanwendung seitens der senegalesischen Sicherheitskräfte fest.[408] Beispiele dafür seien laut RAI dem Erdboden gleichgemachte Dörfer, vergiftete Brunnen und verminte Wege.[409] Labrousse bewertet das Vorgehen der senegalesischen Ordnungskräfte in der Casamance gegen die Rebellion als äußerst brutal.[410] Marut deutet ebenfalls auf den reduzierten Handlungsansatz hin, denn die senegalesische Regierung rechtfertige ihre Militärschläge mit dem Leitprinzip der „Aufrechterhaltung der Ordnung gegenüber räuberischen Ban-

---

[404] Daase, Christopher: A.a.O. S. 102.

[405] Vgl. Ebenda. S. 93.

[406] Wie bereits erläutert, bezeichnet Staatsgewalt nicht nur die Leistungsfähigkeit des Staates, die sich in den institutionellen Organen niederschlägt, sondern auch Legitimität, die sich in der Herrschaftsmacht ausdrückt.

[407] Congad: A.a.O. S. 61.

[408] Vgl. Foucher, Vincent: Les „évolués", la migration, l'école: pour une nouvelle interprétation de la naissance du nationalisme casamançais. In: Diop, Momar-Coumba: A.a.O. S. 400.

[409] Vgl. RAI: A.a.O. S. 2. Repression finde vor allem in den Rebellenzonen statt.

[410] Vgl. Labrousse: Drogengeschäft. S. 386.

den"[411]. Dies begründe sich mit der senegalesischen Grundauffassung, dass es nur Verhandlungen geben könne, wenn die politischen Forderungen der MFDC ausgeblendet würden: „[...] man mag über alles unter der Bedingung diskutieren, dass es nicht mit den Unabhängigkeitskämpfern sein muss: Mit der MFDC, ja, mit den Autonomiebestrebten, nein."[412] Diese Perspektive zeigt sich auch darin, dass senegalesische Autoritäten auf die Frage, ob der Krieg ein internes oder mittlerweile mit den Nachbarstaaten verknüpftes Problem sei, entschlossen antworten, dass es sich um „ein rein nationales Problem"[413] handele. Aus dieser politischen Überzeugung heraus und vor dem Hintergrund der dargelegten Verfassungsziele - wie beispielsweise territoriale Integrität - ist die rein militärische Reaktion abzuleiten.

Im Umkehrschluss, so Daase, fordern die Rebellen mit ihrer Kriegstaktik den Staat geradezu heraus, mit harschen militärischen Maßnahmen zu reagieren. Der Staat antwortet zunächst in militärischer, aber konventioneller Form: Mit regulären, professionalisierten Soldaten unter einheitlichem Handlungsauftrag des Oberbefehlshabers[414]. Dadurch, dass Daase zufolge jede politische Grundeinheit gemäß ihrer Vergesellschaftung versucht, ihre Ziele zu erreichen, ist auch der senegalesische Staat bestrebt, gegen die regionalistisch agierenden Sezessionisten vorzugehen. Für das Erreichen dieser Ziele erweisen sich klassische Maßnahmen des Staates aber als nur mäßig erfolgreich. Die hierarchisch gegliederten Regierungstruppen verfügen im Vergleich zu den Guerilleros über weniger Beweglichkeit und geringere Entscheidungsfreiheit. Schon die Flucht der Rebellen in die Wälder und über die Grenzen erschwert ihnen, wie erläutert, eine effektive Verfolgung. Auch sind die Rebellen nicht wie reguläre Soldaten verpflichtet, sich in Uniform von der Zivilbevölkerung zu unterscheiden und profitieren daher

---

[411] Marut: Problème. S. 426.

[412] Ebenda. S. 447. Diese Antwort gab auch Abdoulaye Fall (Vgl. Liste der Interviews), ein angesehener General der senegalesischen Armee, in einem Interview am 22.08.2002 in Dakar. Auf die Frage, ob die Regierung mit der MFDC verhandlungsbereit sei, antwortete er: „Ja natürlich, man verhandele alles bis auf Unabhängigkeit. Denn es gibt nur *einen* Staat: Und dieser heißt Senegal."

[413] Ebenda. Abdoulaye Fall betonte, dass das Problem von rein interner und damit nur von nationaler Reichweite sei.

[414] Vgl. Senegalesische Verfassung, Art. 45.

von besserer Tarnung vor dem Gegner.[415] Eine Aufteilung in mehrere autonome Truppeneinheiten unter Missachtung oder Differenzierung des Oberbefehls ist bei einer regulären Armee kaum möglich. Daase hebt hervor, dass die Guerilleros durch ihre „dezentrale Kriegsführung"[416] nicht festgelegt sind. So erklären sich zahlreiche Anschläge oder Sabotageakte, die nur durch den radikalisierten Flügel verübt werden. Die nur mäßig erfolgreichen Militäroperationen des Staates spiegeln sich auch in erkennbaren Verlusten seitens der Armee wider, die in den 80er Jahren mehr als 20 000 getötete Soldaten betrage.[417] Die größten Verluste seien jedoch in den 90er Jahren zu verzeichnen: Die Armee geriet 1995 in Babonda[418] sowie 1997 in Mandina Mancage[419] in zwei Hinterhalte und verlor 60 Soldaten.[420] Neutralen Angaben nach ist bei den Truppenverlusten von einem Dutzend auszugehen, wobei etwa 40 Tote durch die Intervention in Guinea-Bissau hinzukommen.[421]

Militärische Reaktionen des senegalesischen Staates schlagen sich laut AI aber nicht nur in Repression nieder, sondern auch in gravierenden Grund- und Menschenrechtsverletzungen seitens der senegalesischen Truppen: „Hunderte von Zivilisten sind von Sicherheitskräften verhaftet und gefoltert worden. Zahlreiche Personen wurden Opfer von außergerichtlichen Vollstreckungen [...]."[422] Die Zahl der Vermissten seit 1992, die AI bisher

---

415 Vgl. Daase, Christopher: A.a.O. S. 99 f. Daase gibt als Rechtsquelle die Haager Landkriegsordnung, 1. Zusatzprotokoll zu den Genfer Abkommen, Art. 44 Abs. 3, an. Der Kämpfer soll demzufolge „ein aus der Ferne erkennbares Abzeichen" und „zweitens seine Waffen offen" tragen. (100) / Arend, Wolfgang: Vietnam: Vom irregulären zum regulären Krieg. (Partisanenkriege des 20. Jahrhunderts). In: Münkler, Herfried: Der Partisan. Theorie, Strategie, Gestalt. Opladen 1990. S. 178. „Der Partisan gibt sich gerade nicht als Kombattant durch Uniform oder Rangabzeichen zu erkennen."
416 Daase, Christopher: A.a.O. S. 93.
417 Vgl. RAI: A.a.O. S. 2. Etwa 20 000 getötete Soldaten der Armee werden von der MFDC angegeben. In allgemein zitierten Statistiken ergebe sich aber eine Opferzahl von etwa 600 (1990-2000). Eine offizielle und glaubwürdige Bilanz existiert nicht. Daher müssen solche Angaben sehr kritisch und vorsichtig bewertet werden.
418 ein Dorf nahe Nissau an der Grenze zu Guinea-Bissau.
419 drei Kilometer von Ziguinchor entfernt.
420 Vgl. RAI: A.a.O. S. 2. Vgl. auch Marut: Question. S. 86. Nach Angaben der senegalesischen Presse und der Armee beliefen sich die *Opferzahlen seitens der Separatisten* seit Konfliktbeginn auf „Tausende". Das sei laut Marut aber „übertrieben", da es sich um einen originären Minderheitenkonflikt handelt. Bei den *zivilen Opfern* geht Marut seit Kriegsbeginn von Tausenden aus.
421 Vgl. Marut: Question. S. 86. Im Jahre 1998 intervenierte die senegalesische Armee in Guinea-Bissau. Präzise Angaben über die tatsächliche Opferanzahl innerhalb der senegalesischen Truppe werden nicht gegeben.
422 AI: Sénégal. La terreur en Casamance. Editions Francophones d'Amnesty Internationale. Paris 1998. S. 13.

in eigener Recherche erfasst hat, beträgt 52.[423] Laut einer Untersuchungs-kommission wurden im Januar 1997 Fälle aufgedeckt, in denen 120 Perso-nen ohne ordentliches Gerichtsverfahren verhaftet wurden.[424] Dabei sind die Menschenrechte verfassungsrechtlich zu Grunde gelegt: „Die menschli-che Person ist heilig. Der Staat ist verpflichtet, sie zu respektieren und zu schützen. [...] die Existenz der unverletzbaren und unveräußerlichen Men-schenrechte als Basis jeder menschlichen Gemeinschaft [...]."[425] Für die Einhaltung der in der Verfassung definierten Rechte und Freiheiten ist laut Art. 91 die Judikative zuständig.[426] Diese justiziellen Irregularitäten, in de-ren Rahmen Personen ohne richterliche Entscheidung inhaftiert werden, spiegeln ein von der Verfassungstheorie abweichendes Bild wider. Wie-derum verliert das Verfassungsziel, das Menschenleben durch den Staat zu schützen,[427] durch die von den Sicherheitskräften durchgeführten Foltermaßnahmen seine Gültigkeit. Anhand eines Berichts von AI werden Folterpraktiken[428] seitens der Sicherheitskräfte von zwei Untersuchungsein-heiten bestätigt. Demnach werden Folterpraktiken vor allem bei der Ver-haftung, während des Polizeigewahrsams und bei der Überführung der In-haftierten aus dem Gefängnis von Ziguinchor nach Dakar nachgewiesen. Auch Menschen, die in der Casamance ohne Papiere aufgegriffen werden, würden ohne Richterspruch „regelmäßig verhaftet und danach exeku-tiert"[429]. Menschenrechtsverletzungen werden laut AI von Armee und Gen-darmerie[430] begangen, die seit einigen Jahren straflos agieren. AI macht die höchsten Autoritäten des senegalesischen Staates für diese Rechtsbrüche verantwortlich.[431] Die „wahren Rebellen"[432], so folgert auch Marut, seien die Soldaten der senegalesischen Armee.

---

[423] Vgl. Ebenda. S. 74-81 (Liste). Auch die durch die MFDC getöteten Opfer seit 1992 sind aufgelistet: S. 82-86. (Auf Grund des begrenzten Rahmens der Arbeit können diese Listen nicht mit integriert werden.)

[424] Vgl. Ebenda. S. 23. Menschen werden demnach inhaftiert, ohne dass ein ordentliches Gerichtsverfahren eine rechtmäßig nachvollziehbare Strafe ausspricht. Zudem ist in die-sen Fällen meist auch die richterliche Unabhängigkeit in Frage zu stellen. Eine Unter-richtung über das Recht, einen Verteidiger in Anspruch zu nehmen, bleibt aus.

[425] Senegalesische Verfassung, Art. 7. Abs. 1-2.

[426] Vgl. Ebenda. Art. 91.

[427] Vgl. Ebenda. Art. 7.

[428] Die Angaben beziehen sich auf Januar und September 1997.

[429] AI: Sénégal. A.a.O. S. 55.

[430] Mit „Gendarmerie" ist die senegalesische Polizeieinheit gemeint.

[431] Vgl. AI: Sénégal. A.a.O. S. 13 f. Diese hingegen behaupten: „Senegal funktioniert im Sinne der Justiz. Nur sie entscheidet." Interview mit Abdoulaye Fall am 22.08.2002 in Dakar, Senegal.

[432] Marut: Question. S. 86. Auch Marut bezieht sich auf die Ergebnisse von AI und identifiziert daran einen ‚schmutzigen Krieg'. Andererseits begehe auch die MFDC zahlreiche Gräueltaten. (89)

Bezüglich der Indikatoren Macht und Herrschaft ist festzustellen, dass der senegalesische Staat sich unter diesen Rahmenbedingungen zwar noch partiell über Macht, aber nicht mehr über legitime Herrschaft definieren kann, da diese durch den Guerillakrieg brüchig geworden ist. Im Sinne Dahls kann das Machtpotenzial des senegalesischen Staates, das sich prinzipiell in Repression ausdrückt, im Vergleich zu den Separatisten als noch so groß bezeichnet werden, dass dies die Rebellen zu einer Radikalisierung veranlasst. Als Machtindikator des senegalesischen Staates gilt das große Truppenaufgebot von 15 000 Soldaten, die bereits zu Konfliktbeginn in der Casamance eingesetzt wurden. Wie Marut erläutert, gehöre die senegalesische Armee zu denjenigen Armeen mit der besten Reputation des Kontinents. Sie zeuge von hohem Professionalitätsgrad und Erfahrungswert der Soldaten in Kolonialkriegen wie Indochina und Algerien oder bei Interventionen im Kongo und Ex-Jugoslawien sowie bei externer Hilfe während des Kalten Krieges.[433] Der senegalesische Staat verfügt somit über zahlreiche militärische, logistische und finanzielle Ressourcen. Von Maluschkes genannten Machtressourcen[434] sind vor allem „ökonomische Mittel, militärische Stärke" und „physischer Zwang"[435] erfüllt. Rufin zufolge verfügt ein Staat dann noch über Macht, wenn Rebellen in ihrer Kriegsstrategie dazu tendieren, ihn „über die Repräsentanten staatlicher Autorität (Polizei, Armee, Verwaltung) oder Einrichtungen wirtschaftlicher Macht [...]"[436] zu attackieren. Dies lässt sich im Senegal aber seit Beginn der 90er Jahre wegen der zahlreichen Anschläge auf zivile Objekte immer weniger bestätigen. Dieses nur noch geringe Machtpotenzial des senegalesischen Staates genügt schon lange nicht mehr dem Anspruch, Herrschaft und damit Legitimität zu bewahren. Denn „die Chance, innerhalb einer sozialen Beziehung den eigenen Willen auch gegen Widerstreben durchzusetzen"[437] wird durch die Regierung zwar militärisch bzw. repressiv genutzt, aber ihre Staatsgewalt wird dadurch politisch und rechtlich keinesfalls gerechtfertigt.

---

[433] Heute sind Frankreich, die USA und Saudi-Arabien die wichtigsten militärischen Partner des Senegals.
[434] Vgl. die Determinanten der drei Staatsinterpretationen im Kapitel 2.2, hier insbesondere 2.2.2.
[435] Maluschke, Günther: A.a.O. S. 401.
[436] Rufin: Kriegswirtschaft. S. 35.
[437] Weber (1956): Wirtschaft und Gesellschaft. S. 28.

4.2.3 Teilhypothese 3: Zersetzung der Nation durch Partikularinteressen und Neopatrimonialismus - Messkriterien: Nation / Nationalität und Ethnizität

Das Streben nach Separatstaatlichkeit[438] und die damit verbundene Durchsetzung von Teilinteressen seitens der Rebellen unterminiert nicht nur die territoriale Komponente[439], sondern auch die symbolische Idee des Staates[440], eine *einheitliche Nation* darzustellen. Aber für eine nur schwach ausgebildete Nationalstaatlichkeit kann auch in diesem Zusammenhang der senegalesische Staat selbst wieder wegen seiner neopatrimonialen und klientelistischen Regierungspraktiken verantwortlich gemacht werden.

Das Ziel der *Eigenstaatlichkeit*, das auf innergesellschaftliche Fragmentarisierungsprozesse und Nationalismus verweist, impliziert zweierlei: Es gründet sich politisch und rechtlich sowohl auf dem Selbstbestimmungsrecht der Völker[441] als auch machtpolitisch und kulturell auf die Ablehnung des aktuellen Staatsverbandes. Senegalesische Nationalstaatlichkeit definiert sich über verschiedene kulturelle Elemente, die von den Separatisten allesamt negiert werden: Die senegalesische Nationalflagge,[442] die offizielle Amtssprache Französisch, die durch den Staat anerkannten nationalen Sprachen wie Diola, Malinké, Pular, Serer, Soninké und Wolof, die daraus formulierte Devise des Staates „ein Volk - ein Ziel - ein Glaube"[443] und die gesetzlich festgelegte Hymne.[444] Dadurch, dass die MFDC Elemente einer eigenen Nationalstaatlichkeit etabliert, untergräbt sie die senegalesische „Einheit der Nation"[445], die für das Volk verfassungsrechtlich mit Inhalt gefüllt ist: „Der Zement nationaler Einheit", „ein gemeinsames

---

[438] „Diejenigen, die Dezentralisierung und Regionalisierung loben bzw. die Autonomie der Casamance, um das Problem zu lösen, befinden sich in der Debatte demzufolge im Irrtum [...]." Biagui, Jean-Marie: A.a.O. S. 66. „Es lebe die freie, unabhängige Casamance!" Préface de Mamadou Nkrumah Sané. In: Biagui, Jean-Marie: A.a.O. S. 110.

[439] Vgl. Teilhypothese 1 (Kriterium Territorialität). Sezession ist daher als problematisches Phänomen für den Staat von doppelter Bedeutung: Territorialrechtlich und nationalstaatlich.

[440] „The idea of the state". Vgl. Buzan, Barry: A.a.O. S. 69.

[441] Dieses komme aber erst bei „grobe[n] und dauerhaft abänderungsresistente[n] Verletzungen der fundamentalen Minderheiten-Rechte" zur Geltung. Bei deren Beachtung ist der Staat zur Terrorismusbekämpfung grundsätzlich berechtigt. Vgl. Fijalkowski: Eskalation. S. 174.

[442] in den Farben grün, gold und rot. Vgl. Senegalesische Verfassung, Art. 1. Abs. 4.

[443] Ebenda. Art. 1. Abs. 3.

[444] Vgl. Ebenda. Art. 1. Abs. 5.

[445] Ebenda. Präambel.

Ziel durch Solidarität [...]" oder „die Fundamente der Nation und des Staates zu konsolidieren".[446] Auch das Prinzip der Republik „eine Regierung vom Volk, durch das Volk und für das Volk" ist lediglich verfassungstheoretisch existent, da es den Willen aller Bürger unterstellt, sich als einheitliches senegalesisches Volk zu begreifen. Dies wird durch ausdifferenzierte Partikularitäten[447] der MFDC obsolet, die sich beispielsweise in der Etablierung einer eigenen Flagge mit der Aufschrift „Freie Casamance" und einer eigenen Hymne spiegeln.[448] Durch die Einleitung dieser Hymne mit den Worten „O Casamance, mein schönes Land" wird das Streben nach Separatstaatlichkeit nationalistisch und ideologisch stilisiert. Biagui benennt in diesem Zusammenhang eine „Nation Casamançaise" oder ein „Peuple Casamançais"[449], das sich vom senegalesischen Volk unterscheide: „Zu sagen, dass die Casamance nicht senegalesisch sei, ist ein Euphemismus. Vielleicht müsste eher zugegeben werden, dass die Casamance innerhalb des Senegals fremdländisch sei [...]."[450] Vor allem Diamacoune repräsentiert die Teilinteressen der Rebellenbewegung, indem er die „Nation Casamançaise" als „Stern der Freiheit und der Unabhängigkeit"[451] definiert. Auch Biagui propagiert diese Partikularinteressen im Namen der MFDC in nationalistisch überhöhtem Ton: „Die Casamance ist nicht nur schön, rebellisch und widerstandsfähig, sondern sie ist auch eine Nation, die von Wert ist wie jede andere - sowie die senegalesische - und die Befreiung von ihr lohnt sich."[452] Mit der Behauptung, es gebe ein Nationalbewusstsein der Bürger in der Casamance, das seinen Ausdruck in Geschichte, Kultur und Territorium finde,[453] verstärken sich die von der MFDC erhobenen Teilinteressen. Die dem Gesamtstaat zuwider laufende Zielbestimmung, für die Eigenstaatlichkeit zu kämpfen, mündet in energischen Appellen mit der

---

[446] Ebenda.

[447] Auch Biagui spricht von „Partikularität der Casamance". Biagui, Jean-Marie: A.a.O. S. 27.

[448] Vgl. La Jeunesse Internationale et Indépendante de Casamance (J.I.C.): La Casamance. [http://members.tripod.com/casamance/premiere.htm]. Stand März 1999. 09.01.2003. / Biagui, Jean-Marie: A.a.O. S. 121 f. / Marut: Question. S. 186 f. (Hymne vgl. im Anhang.)

[449] Eine „Nation der Casamance" oder ein „Volk der Casamance". Biagui, Jean-Marie: A.a.O. S. 65.

[450] Ebenda. S. 132 f.

[451] L'Abbé Augustin Diamacoune Senghor: Postface. (Konferenz von Diamacoune Senghor am 23.08.1980 in der Handelskammer in Dakar, Senegal). In: Biagui, Jean-Marie: A.a.O. S. 146.

[452] Biagui, Jean-Marie: A.a.O. S. 65. Marut bewertet das Unabhängigkeitsbestreben als „ein Projekt nationalistischen Typs". Marut: Question. S. 172.

[453] Vgl. Biagui, Jean-Marie: A.a.O. S. 83 / 94. Biagui spricht von einer eigenen stark ausgeprägten Identität. (94)

Aufforderung zu militanter Verhaltensweise: „Oussouye! Große Bastion des Widerstandes in der Casamance!"[454]
Zugleich wird das Aufständische verleugnet und mit dem Nationalismus indirekt durch Diamacoune gerechtfertigt: „Die Bürger in der Casamance sind keine Rebellen, sondern Nationalisten, Patrioten, Widerständler."[455] Dieser propagandistisch untermalte Partikularismus läuft dem Handlungsauftrag des Gesamtstaates, eine einheitliche Nation zu bilden und zu festigen,[456] eindeutig zuwider. Denn Gemeinsamkeiten, die sich durch Sprache, Religion, Geschichte, Tradition und gemeinsame Herkunft[457] ergeben, werden nicht auf den Gesamtstaat Senegal bezogen, sondern regional auf die Casamance begrenzt. Nationalität, demzufolge die Bekundung der Zugehörigkeit zur senegalesischen Nation und das Engagement für deren Konsolidierung, ist im senegalesischen Fall durch den Separatismus nicht erfüllt. Damit einhergehend verliert die im Sinne Zipellius' formulierte Personalhoheit des Staates ihren Anspruch auf Gültigkeit, da sich die Bürger der Casamance durch die Hinwendung zur MFDC der Zugehörigkeit zum Herrschaftsbereich entziehen. Staatliche Herrschaft kann im Senegal aus diesem Grunde als nicht legitimiert gelten, da die Nation als Legitimationsquelle staatlicher Gewalt ausfällt. Sie wird nicht von allen Bürgern im Sinne eines einheitlichen Staatsvolkes getragen.[458] Tibis Folgerung, dass in zahlreichen Staaten politische ‚Wir-Gruppen'[459] ihre kollektive Identität „nicht an die Existenz eines über ihnen stehenden Nationalstaats, sondern an Partikularitäten"[460] binden, findet am senegalesischen Beispiel Bestätigung. Laut Tibi[461] erstarken unter dem oktroyierten Nationalstaat[462] lokale

---

[454] L'Abbé Augustin Diamacoune Senghor: Postface. In: Biagui, Jean-Marie: A.a.O. S. 145. (Vgl. Anhang.)
[455] Le Palmier: Casamance Libre. Le bimestriel de la CELIC (Coordination Extérieure de Lutte pour l'indépendance de la Casamance). Nr. 3. November / Dezember 1999. S. 1.
[456] Vgl. Senegalesische Verfassung, Präambel [„La construction nationale", dt.: Aufbau der Nation.]
[457] Vgl. Bredow, Wilfried von: Nation / Nationalstaat / Nationalität. In: Nohlen, Dieter (Hrsg.): A.a.O. S. 454. Hierin spiegelt sich der Ansatz der Objektivisten wider. Vgl. dazu 2.2.3.
[458] Vgl. Mutschler, Alexander: A.a.O. S. 83 f.
[459] Tibi: Zivilisationen. S. 72.
[460] Ebenda.
[461] Vgl. Ebenda. S. 73. Tibi benennt Nationalstaaten in diesem Kontext als „Transplantat" (71) oder als „nominelle Nationalstaaten mit nicht-westlichen, vormodernen Verhaltensmustern". (72)
[462] Diese Bezeichnung verweist explizit auf systemimmanente Strukturen.

Kulturen, so dass, wie Mutschler[463] herleitet, nationale und staatliche Identität divergieren. Denn die MFDC ist durch die propagierte Identifikation mit der Casamance in kultureller, historischer und territorialer Hinsicht als eine solche lokale Kultur zu bezeichnen, die „nur formal von den territorialen nationalen Strukturen überlagert"[464] wird.

Einen theoretischen Erklärungsansatz sowohl für das fragile senegalesische Nationengefüge als auch für den ausdifferenzierten Nationalismus der MFDC in der Casamance könnte einerseits der Konstruktivismus bieten. Es ist davon auszugehen, dass beide Faktoren, die schwache Nation des Staates sowie der regionalistische Nationalismus der MFDC, erst durch den Krieg zu Tage treten.[465] Wenn laut Anderson nicht objektive, sondern subjektive Kriterien nationale oder ethnische Identität erfassen, und jede Nation nur imaginiert und begrenzt existiere,[466] ließen sich auch die senegalesische Nation und die propagierte Nation der Casamance als nur konstruierte politische Gemeinschaften bezeichnen. Aliou Barry schließt sich dieser Argumentation an, indem er unterstreicht, dass die Casamance eine Kreation der Kolonisatoren sei.[467] Daran ließe sich der Krieg erklären, der die „particular cultural artefacts"[468] der senegalesischen Nation zum Ausdruck bringt. Würde Andersons Argumentation mit dem Kriegsgeschehen verknüpft werden, würde dies bedeuten, dass insbesondere konstruierte politische Gemeinschaften in Krieg münden können, da die Zuschreibung zu einer Nation subjektiv und veränderbar sei. Der Nationalismus der MFDC ließe sich damit als Folge kulturellen Wandels oder historischer, sozio-politischer Veränderungen, die wiederum auf die Regierungspolitik verweisen, bewerten. Erst vor diesem Hintergrund entsteht nationalistisch ambitionierter Separatismus und der Wille, einen separaten eigenen Staat

---

[463] Vgl. Mutschler, Alexander: A.a.O. S. 84. Auch Buzan verweist auf die „links between nation and state". Buzan, Barry: A.a.O. S. 72. (Er erläutert dies jedoch vor dem Hintergrund der Sicherheitskomponente.)

[464] Tibi: Zivilisationen. S. 80.

[465] Es geht im Hinblick auf staatliche Destabilisierung um die Auswirkung des Nationalismus der MFDC auf die im Werden begriffene Nation. Durch verfassungsrechtliche Verankerung sowie durch politischen Handlungsauftrag ist es Aufgabe der Regierung, die Nationenbildung schon aus politischen Stabilitätsgründen voranzutreiben.

[466] Vgl. Anderson, Benedict: A.a.O. S. 4 ff. Anderson zitiert auch Ernest Gellner in diesem Zusammenhang.

[467] Vgl. Barry, Aliou Mamadou: La prévention des conflits en Afrique de l'Ouest. Mythes ou réalités? Paris 1997. S. 37. Marut argumentiert gleichermaßen: „Der vorgestellte Diola ist ein imaginärer Diola." Marut: Problème. S. 442.

[468] Anderson, Benedict: A.a.O. S. 4.

zu bilden.[469] Andererseits aber ließen sich die schwache senegalesische Nation und der stark ausgebildete Nationalismus der MFDC bzw. der Bürger in der Casamance auch in primordial[470] differenzierter Hinsicht erklären: Diejenigen objektiven Kriterien, die die senegalesischen Bürger verbinden - wie z.b. gemeinsame Geschichte und Traditionen in der Kolonialzeit - werden von den Separatisten subjektiv anders empfunden und für die Casamance umgedeutet. Letztlich ist nicht klar, wie diese Phänomene theoretisch fundiert erklärbar werden. Offensichtlich in Anlehnung an Tibi hingegen, dass die senegalesische Nation schwach und lediglich konstruiert geblieben ist, während sich lokale und regionale ethnische Identitäten relativ stark ausgeprägt zeigen.

Die Ausdifferenzierung dieser Partikularinteressen ist im Umkehrschluss mit der staatlichen Unzulänglichkeit verknüpft, die notwendigen Rahmenbedingungen für eine Nation und deren Konsolidierung nicht erfolgreich geschaffen zu haben. *Eine* wichtige Rahmenbedingung für die Bildung einer kollektiven Identität ist die effektive Teilhabe möglichst aller Bürger an politischen Entscheidungen. Denn „der Staat ist dafür da, eine auf den Staat bezogene Identität zu schaffen und somit die Integration verschiedener Bevölkerungsgruppen ins Staatsvolk sicher zu stellen und immer wieder neu zu garantieren"[471]. Gemäß Barry ist der senegalesische Staat diesbezüglich als ohnmächtig zu bezeichnen. Denn die Existenz des Separatismus in der Casamance, den der Staat bisher nicht auslöschen konnte, erklärt sich mit der Tatsache, dass der Staat und die Gesellschaft der Casamance in keiner Beziehung zueinander stehen: „Die Identität der Casamance-Bürger beansprucht eine mit dem Nationalstaat unvereinbare Identifikation, die nicht die gesamte Nation erreicht."[472] In Bezug auf nachkoloniale Staaten muss staatliche Integrationspolitik eine effektive Partizipation möglichst aller ethnischen Gruppierungen an gesellschaftspolitischen Entscheidungsverfahren sowie eine angemessene Berücksichtigung aller Regionen im Staatsgebiet umfassen. Damit geht auch die gesetzlich verankerte Erfüllung staatlicher Aufgaben einher, denn „partikulare Loyalitäten erstarken, je

---

[469] Der Konstruktivismus allein ist aber empirisch nicht haltbar, um den Nationalismus der MFDC zu erklären und ist daher als Ergänzung zum Klientelismus und Neopatrimonialismus zu betrachten. Letztere fokussieren den Stil der Regierungspolitik und die damit verknüpften sozio-politischen Veränderungen, besonders auf die Gesellschaft, die sich ethnisch zusammensetzt.

[470] zur Erläuterung vgl. 2.2.3.

[471] Mutschler, Alexander: A.a.O. S. 84. Dazu gehören z.B. auch tatsächlich (politisch überprüfbare) freie, demokratische Wahlen.

[472] Barry, Aliou Mamadou: A.a.O. S. 37.

weniger der nationale Staat versprochene Leistungen [...] tatsächlich erbringt"[473].

Zu jenen Leistungen zählt auch eine ethnisch und sozial ausgeglichene Kategorisierung von Chancen und Zugangskanälen zu Ämtern und Posten. Dies lässt sich am senegalesischen Beispiel auf Grund der in der Kolonialzeit dominierenden Klientelpolitik und deren Fortführung durch die aktuelle Regierung nicht bestätigen. Schlichte stellt fest, dass erstens „die klientelistische Struktur innerhalb des politischen Systems wie im Verhältnis zwischen diesem, der Staatsbürokratie und der Gesellschaft prägend" blieb, und dass sich zweitens „eine zunehmende Zentralisierung und Personalisierung der Machtbeziehungen"[474] abzeichnete. Dieser Trend wird sich im Senegal weiter fortsetzen, solange die „Marabouts"[475] großen Einfluss auf die Regierungspolitik haben. Durch deren beachtlichen Einfluss erschließt sich das *klientelistische* Netzwerk, da sie diejenigen sind, die das politische System prägen und Beck zufolge den Zugang zu den Staatsressourcen kontrollieren.[476] Klientelistische Regierungspolitik drückt sich in der Favorisierung nur einer Ethnie, nämlich der Wolof aus dem Norden, aus: „Die wenig qualifizierten Tätigkeiten der Jungen in den Städten werden als Diskriminierung empfunden, die in besonderem Kontrast zur Besetzung der lukrativen Stellungen in der Casamance durch Angestellte und Beamte aus dem Norden steht."[477] Auch Bereiche wie Handel, Fischerei, Transportwesen, Tourismussektor und Verwaltungsapparat wurden laut Schlichte von den Nordsenegalesen[478] monopolisiert. Ähnliche Favorisierungsstrategien zeichnen sich in der Zuteilung von Boden und Eigentum ab, die als unverhältnismäßig bzw. benachteiligend gegenüber den lokal

---

[473] Arnsprenger, Franz: Nationenbildung / Nation Building. In: Mabe, Jacob E. (Hrsg.): A.a.O. S. 140.

[474] Schlichte, Klaus: A.a.O. S. 188.

[475] „Marabouts" bezeichnen die im Senegal sehr stark vertretenden islamischen Bruderschaften, die als religiöse, intellektuelle und politische Führer ein hohes, nahezu unangefochtenes Ansehen genießen.

[476] Vgl. Beck, Linda J.: Le clientélisme au Sénégal: Un adieu sans regrets? In: Diop, Momar-Coumba: A.a.O. S. 541. Künftig zitiert als „Beck: Clientélisme".

[477] Schlichte, Klaus: A.a.O. S. 185. Dies spiegelt den Diskurs der MFDC wider. Viele junge Menschen aus der Casamance sind tatsächlich auf Grund des größeren Arbeitsmarktangebots in die Städte bzw. in die Hauptstadt umgezogen. Diejenigen politischen und administrativen Amtsinhaber, die aus Nordsenegal kamen, wurden während der Kolonialzeit in der Casamance zum Nachteil der dort ansässigen Bevölkerung eingesetzt. Vgl. Marut: Probleme. S. 435.

[478] In erster Linie „konkurrierende Clans von Libanesen, Mauren und Wolof". Schlichte, Klaus: A.a.O. S. 186.

ansässigen Bürgern gilt.[479] Das dominierende „Islamo-Wolof-Modell"[480] schlägt sich darin nieder, dass die Wolof noch immer über große Bedeutung im Staat verfügen. Dies ist sowohl an ihren „sozialen und politischen Organisationsstrukturen" ablesbar als auch an ihrer Art, „wie sie sich an die Herrschaftsformen und die durch das Kolonialsystem installierten Ungleichheiten anpassen und sie sich zu eigen machen"[481].

So ist im Senegal seit der Kolonialzeit ein klientelistisches Netzwerk entstanden, „in dem Patronage und Loyalität zwei Seiten derselben Medaille sind [...]"[482]. Für Präsident Wade und seine Partei ist es daher schwierig, die Vorteile dieses Systems zu ignorieren, die sich wahltaktisch daraus ergeben.[483] Auch sind die politischen Parteien, vor allem die Regierungspartei, dem kontinuierlichen Zwang ausgesetzt, einflussreiches Wählerpotenzial wie die Marabouts angemessen zu integrieren bzw. zu kooptieren. Auch wenn die Verfassung religiöse Parteien verbietet,[484] etablieren die islamischen Marabouts ihre Parteien unter säkularem Namen, kaschieren damit Verfassungswidrigkeit und üben dennoch politischen Einfluss aus. Dies bekräftigt erneut die Divergenz von Verfassungstheorie und praktischer Politik. Dadurch definieren sich latente Zwänge, denen Regierungspolitiker des Machterhaltes wegen ausgesetzt sind und vorerst bleiben.

Dieses Phänomen umreißt schwache Institutionen und neopatrimoniale Praktiken, die aktuell auch in der Regierungspolitik unter Präsident Wade nachweisbar sind:[485] „[...] Aber die detaillierten Versprechen, die er [Abdoulaye Wade] dem Kalifen [in Touba][486] gemacht hat, und die einen Flughafen für die Heilige Stadt [Touba] implizieren, verweisen klar darauf,

---

[479] Vgl. Ebenda. S. 197. Letzteres geht auf ein 1978 neu eingeführtes Bodenrecht zurück („Loi sur le domaine"), das zwar eine formalrechtlich abgesicherte Erwerbschance auf Grund und Boden darstellt, aber de facto zu einer Enteignung zahlreicher traditioneller Grundbesitzer in der Casamance führte. (186 f)

[480] Cruise O'Brien / Diouf, Mamadou: Introduction. La réussite politique du contrat social sénégalais. In: Cruise O'Brien, Donal / Diop, Momar-Coumba / Diouf, Mamadou: A.a.O. S. 14. Künftig zitiert als „Cruise O'Brien / Diouf: Introduction". Cruise O'Brien und Diouf sprechen diesbezüglich von einer „stark ausgeprägten Sorge" der senegalesischen Gesellschaft. (9). Gasser schreibt zum „Islamo-Wolof-Modell": „Es hatte zweifellos zur Schaffung einer relativen Stabilität beigetragen, aber im Laufe der Zeit ist daraus die Ursache für Spannungen und für politische Gewalt geworden, so dass es Exklusion hervorruft." Gasser: Manger. S. 466.

[481] Cruise O'Brien / Diouf: Introduction. S. 9.

[482] Meyns: Neopatrimonialismus. S. 141.

[483] Vgl. Beck: Clientélisme. S. 541.

[484] Vgl. Senegalesische Verfassung, Art. 4. Abs. 1. Die von Moustapha Sy gegründete „Partei der Republikanischen Einheit" (Parti de l'Unité Républicaine) existiert beispielsweise mit säkularem Namen.

[485] Vgl. Beck: Clientélisme. S. 541.

[486] Touba ist für alle Muslime im Senegal der wichtigste religiöse und heiligste Ort.

dass der Klientelismus eine wichtige Komponente auch des neuen Regimes bleiben wird."[487] Dass sich neopatrimoniale Praktiken aus nur schwach ausgebildeten Institutionen erklären, verdeutlichen Bratton und Van de Walle: „Does it make sense to speak of neopatrimonial institutions? [...] Neopatrimonialism does undermine formal rules and institutions [...]."[488] Ein gering ausgebildeter Institutionalisierungsgrad deutet auf formal und gesetzlich determinierte Handlungskorridore hin, die nur unzureichende Anwendung in der Regierungspolitik finden. Beck exemplifiziert diesen Zusammenhang an der senegalesischen Politik: „Die an die Macht gekommene Partei könnte sich auf das interne klientelistische Netzwerk konzentrieren, nachdem sie die Wahlen mit legislativen, administrativen und judikativen Dispositionen zu kontrollieren versucht hat."[489] Die PS[490] habe aber erfahren, dass diese Strategie kaum Erfolgschancen bietet, ohne nicht auf Zwangsmaßnahmen und (vor-) antidemokratische Gesetzgebung zurückzugreifen, die den Einfluss der politischen Opposition mindern. Durch diese kaum nach objektiven und demokratischen Kriterien funktionierenden Entscheidungsmechanismen bestätigt sich im Senegal ein fragiles Institutionengefüge.[491] Bei erkennbar defizitären Institutionen lässt sich aber auch, so konstatieren die Hamburger Wissenschaftler, der Rückgriff auf militärische Handlungsansätze nachweisen.[492] Nicht das Zusammenspiel der drei Gewalten koordiniert dann den Konfliktregelungsmechanismus, sondern das Militär, welches durch Repression für Ordnung und Stabilität zu sorgen versucht. Daraus resultieren Legitimationsprobleme[493], so dass die Bürger weit von der Überzeugung entfernt sind, dass der Staat mit diesen Handlungsansätzen das soziale Leben zu regeln imstande ist.[494] So existieren in der Casamance zumindest unter den Diola ausgeprägte Vorbehalte auf Grund der neopatrimonialen Konstitution des Staates.[495] *Ethnische* Zugehörigkeiten stellen im Senegal demnach nicht nur eine spezifische kulturelle

---

[487] Beck: Clientélisme. S. 541.

[488] Bratton, Michael / Walle, Nicolas van de: A.a.O. S. 63.

[489] Beck: Clientélisme. S. 542. Eine steigende Anzahl afrikanischer Eliten bevorzuge scheinbar diese Handlungsoption.

[490] Die „Parti Socialiste" ist die aktuelle Oppositionspartei. Jetzige Regierungspartei ist die „Parti Démocratique Sénégalais" (PDS) von Abdoulaye Wade, der seit dem 19.03. 2000 im Amt des Präsidenten ist.

[491] Vgl. Gellar: Pluralisme. S. 526. Die pluralistische Demokratie Senegals hänge u.a. von der Förderung lokal schwacher Institutionen ab.

[492] Vgl. Jung, Dietrich / Schlichte, Klaus / Siegelberg, Jens: A.a.O. S. 166.

[493] Vgl. Cruise O'Brien, Donal: Le sens de l'Etat au Sénégal. In: Diop, Momar-Coumba: A.a.O. S. 502 f. Künftig zitiert als „Cruise O'Brien: Le sens".

[494] Vgl. Ebenda. Daher übernehmen die Marabouts in vielen Teilen des Landes staatliche Aufgaben, so z.B. in der Erziehung, Bildung und Grundversorgung.

[495] Vgl. Cruise O'Brien / Diouf: Introduction. S. 14.

Identität dar, sondern lösen durch *Politisierung* seitens der Regierung Konfliktpotenzial[496] aus. Denn Ethnizität ist, wie Gasser betont, noch keine unabhängige Variable eines Konfliktes, sondern eher eine intervenierende.[497] Die Politisierung bzw. die Überformung von Ethnizität findet in der Klientelpolitik des Staates seinen Ausdruck. Denn dadurch, dass die Wolof vor allem für politische und administrative Ämter favorisiert werden, andere Ethnien wie die Diola, Haalpular oder Lébou[498] hingegen unberücksichtigt bleiben, kategorisiert der Staat Lebenschancen unter Ungleichbehandlung verschiedener Bevölkerungsgruppen.[499] Daher weisen ethnische Zugehörigkeiten „soziale und politische Brisanz"[500] auf. Deren Eskalation verdeutlicht sich, so Fijalkowski, in bewaffneten Auseinandersetzungen, in denen die jeweiligen Gruppen erheblich veränderte Rechtsstellungen oder soziale und politische Chancen gegenüber der Regierung beanspruchen.[501] Auch im Senegal weist die MFDC auf die Marginalisierungspolitik der Regierung hin: „Die Bürger der Casamance fühlen sich ausgeschlossen [...]. Die Macht liegt in den Händen der Nordisten, [...], angefangen mit den einflussreichen Marabouts aus dem Norden, die sich auf große muslimische Bruderschaften stützen."[502] Die Ansprüche der MFDC gegenüber der Regierung spiegeln sich z.B. im Friedensabkommen im März 2001[503] wider: Darin wird eine relevante Forderung genannt, die sich auf Wiederaufbauprojekte unverzichtbarer Verkehrswege in bestimmten Dörfern der Kriegsregion bezieht. So wird die unmittelbare Aufnahme des Ausbaus der Straße Bignona-Diouloulou und Kolda-Sédhiou gefordert, die

---

[496] Diese begründet sich darüber hinaus durch eine Subjektivierung und ethnische Überformung von Täter- und Opfergruppen. Täter seien laut MFDC die Regierung und die Nordsenegalesen, prinzipiell die Wolof. Opfer seien sowohl die Diola als auch andere in der (Basse-) Casamance siedelnde Ethnien.

[497] Vgl. Gasser: Manger. S. 465.

[498] Gasser nennt diese Ethnien beispielsweise im Kontext der Exklusionspolitik. Vgl. Ebenda. S. 466.

[499] Die Wurzeln der Klientelpolitik liegen im Kolonialismus. Und afrikanische Eliten führen sie heute (mehr oder weniger intensiv) weiter.

[500] Fijalkowski: Eskalation. S. 165.

[501] Vgl. Ebenda. S. 165 f.

[502] Barry, Aliou Mamadou: A.a.O. S. 37. Die Schwierigkeit der Casamance, sich in das klientelistische System zu integrieren, verbindet sich mit nur schwach ausgebildeten lokalen Politikstrukturen. Vgl. Gasser: Manger. S. 468.

[503] Das Abkommen wurde am 16.03. 2001 vom Innen- und Verteidigungsminister, von dem besonderen Berater des Präsidenten, dem Generalsekretär der MFDC und dem Bischof von Ziguinchor unterzeichnet. Vgl. Gasser: Manger. S. 487. Die fünf Punkte sind 1) der freie Personenverkehr sowie Personen- und Güterschutz, 2) die Freilassung von Häftlingen, 3) die Beseitigung der Umweltverschmutzung sowie die Rückkehr von Flüchtlingen, 4) Wiedereingliederungsprogramme und 5) der Wiederaufbau von unverzichtbaren Verkehrswegen.

Wiederaufnahme des Pendelverkehrs durch das Schiff Joola[504], der Flughafenausbau Tobor nahe Ziguinchor und ein angemessener Zubringerdienst für den Luftverkehr. Auch die Errichtung einer Universität sei unabdingbar.[505]

Alle diese Forderungen spiegeln den Wunsch nach Teilhabe am gesellschaftspolitischen System wider, die der senegalesische Staat für die Bürger in der Casamance noch immer nicht imstande ist zu gewährleisten. Klientelistische Regierungspraktiken und nahezu ohnmächtige institutionelle Instanzen begründen eine starre ethnisch und sozial unausgewogene Kategorisierung von Gütern, Ämtern und Chancen. Vor diesem Hintergrund manifestieren sich ethnische Identitäten, die ein kollektives Nationalstaatsgefühl untergraben. Objektive Gemeinsamkeiten der senegalesischen Bürger werden durch den Staat und seine Klientelpolitik zu subjektiven Differenzen, die in politisierter und eskalierter Form im Guerillakrieg ihren Ausdruck finden.

5 Resümee der Fallergebnisse und Lösungsansätze zur Konfliktregulierung und Staatsstabilisierung im Senegal

Auf der Basis der Fallergebnisse ergeben sich verschiedene Lösungsansätze bezüglich der Politikimplementation, die sowohl an *Konfliktregulierung* als auch an *Staatsstabilisierung* anknüpfen. Staatsstabilisierende Maßnahmen umfassen Handlungsansätze, die das Problem von ethnonationalistischen und sezessionsbestrebten Gruppen fokussieren. Dabei kann es sich jedoch nicht um ein allgemeines Lösungskonzept für Guerillakriege, sondern zunächst um ein spezifisches Konzept für den Problemfall Senegal und dessen Krieg in der Casamance handeln. Durchaus kann dieses aber als Leitlinie auch für andere afrikanische Staaten mit ähnlichen Kriegsphänomenen (wie Nigeria oder Sudan) dienen.

---

[504] Diese Fähre, die die einzige Verbindung zwischen Ziguinchor (Casamance) und Dakar (Hauptstadt) darstellt, sank am 26.09. 2002 vor der gambischen Küste. Dadurch kamen 1863 Menschen ums Leben. Dies löste eine große Regierungskrise aus, und auch der Casamance-Konflikt verschärfte sich dadurch wiederum.

[505] Vgl. Gasser: Manger. S. 487 f.

5.1 Resümee der Fallergebnisse: Inwieweit unterminiert der Rebellenkonflikt der Analyse zufolge die staatliche Handlungsautonomie des Senegals?

Der Zusammenhang zwischen Guerillakrieg und Staatsinstabilität ist am Senegal eindeutig nachweisbar. Instabile Staatlichkeit kann als Ergebnis spezifischer gesellschaftspolitischer Verhältnisse, nämlich eines innerstaatlichen Krieges, gewertet werden. Das Phänomen der instabilen Staatlichkeit und deren Beschleunigung lässt sich in den Teilhypothesen 1 und 2 relativ offenkundig, in Hypothese 3 nur partiell auf den Krieg zurückführen. Während der senegalesische Staat territorialrechtlich und vor allem in seinem Herrschaftsanspruch durch den Guerillakrieg unterminiert wird, ist die nationalstaatliche Fragilität prinzipiell systembedingt verursacht, obwohl auch sie durch das sezessionistische Bestreben im Krieg mitbestimmt ist. Insgesamt sind systemimmanente Faktoren[506] für den territorialen Verfall irrelevant, für die Auflösung politischer Herrschaft teilweise relevant und für die Zersetzung der Nation besonders relevant. Der Guerillakrieg trägt daher zur Einschränkung staatlicher Handlungsautonomie zwar entscheidend bei, ist aber nicht alleiniger Auslöser und wirkt tendenziell *katalysatorisch*:

Erstens: Während Sezessionismus das Territorium politisch und direkt beeinträchtigt, unterminiert die Kriegswirtschaft das Staatsgebiet latent. Territoriale Instabilisierung lässt sich ausschließlich aus dem Agieren der Rebellen ableiten. Durch regional motivierten Sezessionismus wird die territoriale Integrität des Staatsterritoriums unterlaufen. Die senegalesische Republik verliert in ihrer Bestandsform somit ihre Akzeptanz durch separatistisch ausgeprägte Partikularinteressen. Territorial rechtlich festgelegte Staatsgrenzen werden dadurch in Frage gestellt bzw. ignoriert, und die verfassungsrechtlich verankerte staatliche Einheit wird von den Rebellen durch kriegerischen Regionalismus negiert. Die Folge dieser kriegerischen Handlungen ist eine territoriale Zersetzung des Gesamtgebiets und der staatlichen Grenzen. Auch ökonomisch destabilisieren die Guerilleros das Staatsgebiet, indem sie die Casamance längst jeder staatlichen Kontrolle entzogen haben: Durch Kriegselemente und deren Konsequenzen wie zunehmende Gewaltanwendung, immense Flüchtlingsbewegungen, Prostitu-

---

[506] Wie schon in der Einleitung erläutert, werden hiermit strukturelle Defizite angesprochen. In der Fallstudie hat sich gezeigt, dass Strukturelemente wie Klientelismus, Neopatrimonialismus und schwache Institutionen als Defizite bewertet werden können, die das politische System Senegals bereits prägen und durch den Krieg an Form gewinnen bzw. den Krieg mitbestimmen. So lässt sich z.B. aus einem schwachen Institutionalisierungsgrad ein stark militärisch orientierter Handlungsansatz der Regierung ableiten.

tion sowie Drogen- und Waffenzirkulation entsteht in der ohnehin infrastrukturell defizitären Kriegsregion langfristig ein Sicherheitsproblem. Vor diesem Hintergrund etabliert sich eine lokale Kriegsökonomie, in der vor allem Jugendliche als unternehmerisch denkende und gewaltsam handelnde Akteure eine rationale Überlebensstrategie entwickeln. Rational Choice erklärt damit sowohl individuelle Nutzen- und Kostenabwägung in einer perspektivlosen Region als auch die daraus resultierende Persistenz und Ausweitung des seit zwei Jahrzehnten andauernden Konfliktes nach Gambia und Guinea-Bissau. Dadurch bilden sich die Rahmenbedingungen für eine überregionale Kriegswirtschaft, durch deren Transnationalisierung sich der Krieg prinzipiell durch illegalen Waffen- und Drogenhandel finanziert. Mit Gewalt als Mittel der Einkommenserzielung und der Kriegswirtschaft als Zweck der Überlebensgrundlage entziehen die Guerilleros dem Staat schrittweise seine politische Autorität. Denn durch zunehmende Ökonomisierung des Krieges ist staatliches Entgegentreten kaum mehr möglich. Der Staat ist durch diesen rechts- und gesetzesfreien Raum nicht imstande, die Kontrolle des Staatsgebiets, dessen Grenzschutz und darüber hinaus Sicherheit und Recht zu gewährleisten. Damit verliert das Territorium durch eigenstaatliche Teilinteressen der Rebellen an Gültigkeit. Staatsgrenzen bleiben zwar formal existent, werden aber politisch negiert und ökonomisch durch grenzüberschreitenden illegalen Handel zersetzt.

Zweitens: Der Delegitimierungsprozess der Staatsgewalt, der sich herrschaftspolitisch vollzieht, ist primär auf die Kleinkriegsführung der Rebellen und sekundär auf norm- und verfassungswidriges Handeln des Staates selbst zurückzuführen. Gemäß Daases Ansatz trägt die asymmetrische Guerillataktik erheblich zur Staatsinstabilisierung bei. Irreguläre Kriegselemente wie bewaffnete Überfälle, Hinterhalte, Sabotage, Attentate und Entführungen begründen außergesetzliche Konfliktstrukturen und Kriegsziele. Dadurch, dass die Front des Guerillakrieges „überall"[507] ist, an der kleine, hochbewegliche Einheiten mit terroristischen Kampfregeln agieren und über militärische Rückzugsbasen in den Nachbarstaaten verfügen, zermürbt die MFDC den Staat. Unter Fokussierung der rein sicherheitspolitischen Perspektive reagiert der Staat mit Militär, um gegen die Rebellen autoritativ vorzugehen. Damit schließt sich der Kreislauf der Eskalation: Die MFDC wiederum antwortet auf staatliche Repression mit systematischer Radikalisierung und offensiveren Anschlägen. Dadurch, dass der Staat den Kampf um Macht mit dem ungleichen Gegner eingeht, trägt er zur Beeinträchtigung seiner legitimen Staatlichkeit selbst bei. Das von Macht zeugende militärische, aber normwidrige Vorgehen des senegalesischen Staates unterläuft den verfassungsrechtlichen Handlungsauftrag, Gesetzestreue und Rechtmäßigkeit zu wahren. Denn Staatsgewalt wird gerade durch

---

[507] Heydte, Friedrich A. Frhr. von der: A.a.O. S. 88.

Grund- und Menschenrechte begrenzt,[508] die „Rechtmäßigkeit und Erfolg"[509] symbolisieren. Fundamentale Rechtsbrüche als Antwort auf Regionalismus aber nehmen der Verfassung ihre Gültigkeit, der Regierung ihre Legitimation und dem Staat sein Herrschaftspotenzial. Staatliche Legitimation zerbricht darüber hinaus an unberechenbaren Guerillataktiken, denen der Staat mit konventionellen Elementen nicht effektiv entgegen zu treten weiß. Weder rechtmäßige Militärstrategien, strafrechtliche Verfolgung der Rebellen innerhalb und außerhalb der Staatsgrenzen noch die Erfüllung hoheitlicher Aufgaben wie Schutzmaßnahmen vor Anschlägen gelingen. Unter Rückbezug auf Zartman gilt ein solcher Staat als „paralyzed and inoperative"[510]. Die asymmetrische Kriegstaktik durch Konfrontation ungleicher Gegner fällt daher dauerhaft nachteilig für den Senegal aus und belegt die Verwundbarkeit staatlicher Herrschaft.

Drittens: Die Nation wird sowohl durch gesellschaftspolitische Teilinteressen untergraben - die ihren Ausdruck in Sezession finden - als auch durch staatliche Unzulänglichkeit, die für eine Nation notwendigen Determinanten zu schaffen. Letzteres erklärt sich mit neopatrimonialen, klientelistischen Regierungspraktiken. Instabile Nationalstaatlichkeit und ethnische Identifikation lassen sich zwar eindeutig als systembedingte Phänomene einstufen, aber erst durch den Krieg gewinnen sie an Form[511]. Denn der „Mangel an nationalstaatlicher Substanz"[512] spiegelt sich in der Casamance an ausdifferenzierten Partikularitäten wider, die sich erst durch Politisierung zu einem ethno-nationalistischen und kriegerischen Sezessionismus zuspitzen. Dies zeugt von innergesellschaftlichen Zersplitterungsprozessen und nationalistischer Überhöhung, die die ohnehin fragile senegalesische Nation beeinträchtigen: „As a determinant of individual behaviour, national identity can [...] deeply undermine the state."[513] Durch den Mangel einer kollektiv auf den Staat bezogenen einheitsstiftenden Nation besteht Raum für ethnisch definierte Identitäten, die teilstaatlich und lokal begrenzt sind. Wenn Identitäten laut Anderson als nur imaginiert, subjektiv und daher variabel gelten, ist der Nationalismus in der Casamance Zeugnis lediglich konstruierter senegalesischer Nationalität. Diese verweist im Umkehrschluss auf eine verfehlte staatliche Integrationspolitik. Die während der Kolonialzeit praktizierte und von afrikanischen Regierungen fortgesetzte Klientelpolitik basiert noch heute auf dem „Islamo-Wolof-Modell". Diese

---

[508] Vgl. Klein, Martina / Schubert, Klaus: A.a.O. S. 276 f.

[509] Leggewie, Claus: Herrschaft. In: Nohlen, Dieter (Hrsg.): A.a.O. S. 251.

[510] Zartman, William: A.a.O. S. 5.

[511] bzw. *materialisieren* die Beeinträchtigung und Auflösung der senegalesischen Nationalstaatsidee.

[512] Tibi: Weltunordnung. S. 256.

[513] Buzan, Barry: A.a.O. S. 72.

neopatrimoniale Regierungspolitik bildet mit den nur schwachen Institutionen den systembedingten Handlungsrahmen des politischen Systems. Von Relevanz für die senegalesische Situation ist auch Tibis Argumentation, dass Ethnizität nur unter zwei Bedingungen eine Nation etablieren kann: Wenn „eine innere, durch staatsbürgerliches Bewusstsein abgesicherte Souveränität und eine dementsprechende Kultur vorhanden sind" und „eine institutionell strukturierte politische Ordnung"[514]. Bei Übertragung dieser Kriterien auf Senegal ist erkennbar, dass staatliche Handlungsautonomie durch die nur schwache staatsbürgerliche Kultur begrenzt und daher kaum legitimiert ist. Vor dem Hintergrund einer neopatrimonialen und institutionell fragilen Ordnung ist zu folgern, dass Ethnizität im Senegal keine kollektiv getragene Nation etablieren konnte. Der Krieg stellt dabei den Austragungsmodus für Partikularitäten dar, instabilisiert die schwache senegalesische Nationalität in katalysatorischer Art und Weise und lässt die Aussicht auf eine einheitliche und durch politische Kultur getragene Nation völlig obsolet werden.

5.2 Lösungsansätze zur Konfliktregulierung und Staatsstabilisierung im Senegal

Konfliktregulierung[515] und Staatsstabilisierung *bedingen* einander, denn erst wenn ein Konflikt durch politischen Dialog aller beteiligten Kriegsparteien gelöst ist, können Maßnahmen zur Wiederherstellung des Staatszweckes[516] ergriffen werden. Lösungsoptionen für Konfliktregulierung und Staatsstabilisierung ergeben sich sowohl auf lokaler und regionaler als auch nationaler und internationaler Ebene, die allesamt Handlungsansätze anbieten. Dass beide Ziele, nämlich Konfliktlösung und Staatsstabilisierung, erreicht werden müssen, verdeutlicht Daase am Beispiel der Türkei: „[...] langfristig ist es undenkbar, dass in der einen Hälfte des Landes relative politische Freiheit und wirtschaftlicher Wohlstand bestehen, während in der anderen Hälfte Ausnahmezustand herrscht und ein Kleinkrieg tobt."[517] Conesa verweist jedoch auch auf die Schwierigkeiten der Nachkriegszeit,

---

[514] Tibi: Weltunordnung. S. 256.

[515] Vgl. Schneckener, Ulrich: A.a.O. S. 19. In Anlehnung an Schneckener wird der Begriff „Konfliktregulierung" dem Begriff „Konfliktregelung" vorgezogen, da der Prozesscharakter betont werden soll. Ebenso ist auch das Ziel der Staatsstabilisierung zu verstehen.

[516] Der Begriff „Staatszweck" impliziert originär hoheitliche Staatsfunktionen und staatseigene Aufgaben. Er verweist auf ein stabil funktionierendes Staatswesen.

[517] Daase, Christopher: A.a.O. S. 212.

nachdem zwar der Krieg selbst beendet, die Stabilisierungsphase aber erst einzuleiten ist: „[...] es gilt politische Lösungen für die Konflikte zu finden, den Wiederaufbau zu finanzieren, die öffentliche Ordnung wieder herzustellen und regionale Integrationsprozesse in Gang zu bringen."[518] Nicht immer aber gibt die wissenschaftliche Literatur zufrieden stellende Antworten auf die Frage nach konkret realisierbaren Lösungsansätzen. So lässt Diop die Frage unbeantwortet, wie die zunehmende territoriale Entgrenzung[519] des senegalesischen Staates bzw. die eingeschränkte Kontrollfähigkeit seiner Grenzen zu verhindern ist.[520] Jedoch verweist er darauf, dass der Staat vor allem im von großen Sicherheitslücken geprägten Süden immer mehr Militärpotenzial und finanzielle Mittel in die Sicherheit seines Territoriums zu investieren hat, um Grenzkontrollen noch effizient auszuführen.[521] Marut appelliert in seiner Problembestandsaufnahme hingegen für eine „Wiederentdeckung der Politik", da der militärische Konfliktlösungsansatz zu reduktionistisch sei.[522] Eine konstruktive Konfliktregulierung bleibe aus, da die Regierung den Konflikt militärisch zu lösen versuche, ihn aber damit lediglich verschärfe und verlängere.[523]

Auf lokaler, regionaler und zugleich nationaler Ebene empfiehlt Congad, Aufklärungskampagnen durchzuführen, um die Bevölkerung für Friedensmaßnahmen zu sensibilisieren.[524] Lokale Nichtregierungsorganisationen leisten bereits einen großen Beitrag zur Gewaltzivilisierung,[525] denn „Kernproblem bleibt die Eindämmung und Überwindung des Krieges"[526]. Congad zufolge liegt der Effekt solcher Friedenskampagnen in der Casamance darin, ideologisierte Bilder der Bevölkerung auszuradieren und über ethnische Gruppen hinausgehende Solidaritäten zu schaffen. Konkret sind diese Aktionen darauf auszurichten, das Phänomen der Marginalisierung einer bestimmten Ethnie und die Favorisierung anderer Ethnien wie beispiels-

---

[518] Conesa, Pierre: Neue US-Strategie für asymmetrische Kriege. Die Ohnmacht der Sieger. In: Le Monde Diplomatique. Die Tageszeitung. Beilage der Tageszeitung vom 16.01.2004. S. 8. Aktuellstes Beispiel ist der Irak, in dem zwar der Krieg faktisch vorüber ist, die Nachkriegszeit jedoch für große Instabilität und immense Gewalt sorgt.

[519] Die Begrifflichkeit „Entgrenzung" soll besonders in räumlicher Dimension darauf verweisen, dass der Staat immer mehr an Handlungsautonomie (Souveränität, vgl. Begriffsklärung in der Einleitung) verliert.

[520] Vgl. Diop: Voisins. S. 228.

[521] Vgl. Ebenda. S. 227.

[522] Vgl. Marut: Problème. S. 450.

[523] Vgl. Ebenda. Eindeutig fehlt ihr, so Marut, die „politische Perspektive".

[524] Vgl. Congad: A.a.O. S. 79.

[525] Sowie Raddho, Human Right Watch, Subsektionen von AI und andere lokale Organisationen.

[526] Schoch, Bruno: Friedensstrategien. In: Woyke, Wichard (Hrsg.): Krieg und Frieden. Einführung Politik. Reihe Uni Studien Politik. Schwalbach / Ts. 2002. S. 61. Künftig zitiert als „Schoch: Friedensstrategien".

weise der muslimischen Wolof durch eine komplexere ethnische Partizipation[527] zu ersetzen. Die Regierung müsse sich zum Ziel setzen, sowohl „soziale Ausgrenzung" als auch „politische Unterrepräsentation"[528] der Bürger in der Casamance zu vermeiden. Dieses Phänomen der Diskriminierung manifestiert sich beispielsweise noch immer im kulturpolitischen und medialen Bereich: In den nationalen Fernsehsendern herrschen noch immer wolofsprachige Programme vor, so dass andere Ethnien und deren Subsprachen unbeachtet bleiben.[529] Wenn offizielle Amtssprache Französisch ist, die trotz Schulbildung jedoch nur etwa 15-20 % der Gesamtbevölkerung sprechen, dominiert de facto ein bilinguales System, in dem Wolof zum Synonym für Senegalesisch wird: „Das Radio ist praktisch bilingual (Französisch-Wolof), die Namen der Zeitungen oder der politischen Parteien sind wolofsprachig, und Verwaltungssprache ist oft wiederum Wolof, da zahlreiche Funktionäre aus dem Norden stammen."[530] Um insbesondere lokale und regionale Berichterstattung zu fördern und kulturellen Ereignissen größere Beachtung zu widmen, sind bereits vorhandene regionale Medien zu stärken und neue zu gründen. Dabei ist unabdingbar, eine Balance zu schaffen zwischen lokaler Partikularität, die gewahrt bleiben muss, und regionaler übergreifender Nationalität, die erst noch zu erreichen ist. Schoch leitet aus den bisherigen Erfahrungen mit Gewalt und deren Eskalation eine Kultur der Prävention ab, die einen erheblichen Beitrag zur Konfliktregulierung leisten kann.[531] Diese beruht auf Maßnahmen gegenseitigen Verzeihens und nationaler Versöhnung zwischen der Bevölkerung, der MFDC und den Sicherheitskräften der Regierung.[532] Verhandlungsbereitschaft seitens der Rebellen würde sich auch durch Freilassung der von der Regierung inhaftierten MFDC-Kämpfer in Ziguinchor, Kolda und Dakar quasi als Gegenleistung ergeben. Die senegalesische Regierung

---

[527] Im Sinne einer (nahezu) multi-ethnischen Gemeinschaft mit partizipativen, demokratischen Politikansätzen.

[528] Marut, Jean-Claude: (Centre d'Etude d'Afrique Noire, (CEAN), Institut d'Etudes Politiques, Pessac Cedex, Bordeaux): Les particularismes au risque de l'islam dans le conflit casamançais. Afrique politique 2002.
[http://www.cean.u-bordeaux.fr/pubcean/particularismes.pdf /
http://www.cean.u-bordeaux.fr/pubcean/marut.html]. Stand 2002. 21.01.2004. S. 10.

[529] Vgl. Congad: A.a.O. S. 80.

[530] Marut: Question. S. 253. Marut nennt dieses Phänomen „Wolofisation", das von zahlreichen Bürgern in der Casamance als „diskriminierend" empfunden wird.

[531] Vgl. Schoch: Friedensstrategien. S. 64. „Unter dem Eindruck der schrecklichen Bilder aus dem mit Gewalt erfolgten Staatszerfall in Jugoslawien, Somalia und v. a. des 1994 unter den Augen einer ohnmächtigen Weltöffentlichkeit erfolgten Völkermords in Ruanda bekamen Bemühungen um Prävention Auftrieb."

[532] Vgl. Congad: A.a.O. S. 80. Dieses Vorgehen beruht auf dem südafrikanischen Modell, in dem eine Kommission mit dem Namen „Wahrheit und Versöhnung" gegründet wurde.

verfügt dahingehend über zwei Varianten: Die milde Maßnahme besteht aus Amnestie der Kämpfer, die auch Diamacoune[533] fordert. Die umfassendere Maßnahme ist die der strafrechtlichen Verfolgung von MFDC-Kämpfern und senegalesischen Soldaten, die sich für Bürger- und Menschenrechtsverletzungen zu verantworten haben. Der internationale Strafgerichtshof in Arusha[534], der wie in Den Haag Strafprozesse mit dem Tatbestand „Verbrechen gegen die Menschlichkeit" aufarbeitet, könnte unter bestimmten Bedingungen auch für westafrikanische Staaten wie Senegal tätig werden. Dieses Vorgehen könnte den Weg zu einem rechtsstaatlichlich und demokratisch konsolidierten politischen System schrittweise ebnen, ist jedoch realpolitisch kurz- und mittelfristig als unwahrscheinlich einzuschätzen.

Erfolgreich können alle diese Maßnahmen aber grundsätzlich erst sein, wenn die Casamance unter Berücksichtigung ihrer soziokulturellen und geografischen Besonderheiten sowohl wirtschaftlich als auch politisch (re-)stabilisiert wird. *Frieden* ist mit dem Faktor *Entwicklung* eng verknüpft.[535] Diamacoune benennt im Namen der MFDC und ihrer Forderungen an die Regierung sowohl ökonomische Hilfe im Rahmen des Wiederaufbaus als auch finanzielles Engagement in der Casamance, die trotz ihrer Ressourcen nicht Priorität der Regierungspolitik ist.[536] Entwicklungsmaßnahmen seitens der Regierung müssen den Auf- und Ausbau der gesamten Infrastruktur, nicht nur der Luft-, Schifffahrts- und Verkehrswege[537], umfassen. Auch das Schul-, Gesundheits- und Polizeiwesen, die Administration und die lokale Wirtschaft sind durch Restrukturierungs- und Wiederaufbaumaßnahmen zu stabilisieren. Congad zufolge geht es um eine effektive Erschließung der gesamten Region der Casamance, um diese „senegalesischer"[538] zu gestalten. Konkrete Beispiele stellen im Bildungssektor die

---

[533] Vgl. Sané Bachir, Babacar: Assises du MFDC à Ziguinchor: Les responsables du MFDC plaident pour la paix. Le Soleil, 07.10.2003. [http://www.lesoleil.sn/recherche/article.CFM?article_id=31127&article_edition=10005]. 21.01.2004. S. 2.

[534] in Tansania, der sich für afrikanische Staaten wie Ruanda, Kongo, Simbabwe oder auch Senegal anbietet. Beispielsweise soll unter dem Appell der internationalen Gemeinschaft ein Sonderstrafgerichtshof für die „Aufarbeitung der Greueltaten (sic!) in Sierra Leone" eingerichtet werden. Vgl. Auswärtiges Amt (AA): Außenpolitische Strategie für Westafrika. Referat 303. [http://www.auswaertiges-amt.de/www/de/infoservice/download/pdf/afrika/westafrika.pdf]. Stand Mai 2002. 22.01.2004. S. 15 / 20.

[535] Vgl. Congad: A.a.O. S. 79.

[536] Vgl. Sané Bachir, Babacar: A.a.O. S. 2.

[537] Auch die Wiederaufnahme der Fährverbindung zwischen Ziguinchor und Dakar wird energisch gefordert. Vgl. Ebenda.

[538] Congad: A.a.O. S. 80. Die Umschreibung „senegalesischer" verweist darauf, einen Entwicklungsstand zu erreichen, der mit dem Rest Senegals, vor allem mit den zentralen Kernprovinzen (Dakar, Rufisque und andere), vergleichbar ist.

Errichtung einer Universität und im Verkehrs- und Transportbereich eine geregelte und umfassende Versorgung und Belieferung der Casamance dar. Letzteres ist z.B. durch die Sanierung des Hafens in Ziguinchor erreichbar.[539] Um die gesamte Region jedoch tatsächlich effizient in den Rest Senegals zu integrieren, ist eine Verschiebung des machtpolitischen Zentrums notwendig. Wenn die Regierung die bessere Teilhabe der Casamance am Gesamtsystem zur Priorität machte und ihr eine konstruktive Konfliktlösungsoption anböte, würde sie Ziguinchor zur aktuellen Hauptstadt erklären. Die in der Basse-Casamance gelegene Regionalhauptstadt ließe sich langfristig zum politischen Zentrum Senegals umfunktionieren, wobei Dakar wirtschaftlicher Knotenpunkt bleiben könnte. Um die Infrastruktur noch weiter auszubauen, würde eine Brückenverbindung über den Gambia-Fluss die notwendige Anbindung der Casamance an den Rest Senegals herstellen. Mit finanzieller und technischer Hilfe der internationalen Gemeinschaft, beispielsweise im Rahmen der Europäischen Union (EU) oder der Vereinten Nationen (UN), ließen sich diese Projekte stufenweise realisieren.[540] Der politische Wille jedoch liegt dabei zunächst nur bei der senegalesischen Regierung, die bisher aber nicht erkennbar konstruktiv handelt.

Bei einer verbesserten Infrastruktur in der Region würden auch die Vertriebenen in ihre Dörfer und Städte zurückkehren. Für ihre Rückkehr ist seitens der Regierung ein Programm von Notwendigkeit, das ihnen Hilfen zur Reintegration in gesellschafts- und ordnungspolitische Strukturen bietet. Diese und auch andere finanzielle Hilfsmaßnahmen sind vor allem für Flüchtlinge, Jugendliche, Ex-Kombattanten und Verletzte von Relevanz.[541] Dadurch könnten auch die zahlreichen, vor allem in den Grenzregionen existierenden Flüchtlingslager aufgelöst werden, die noch immer eine wichtige Rekrutierungsquelle für Warlords bilden und eine kriegsverlängernde Wirkung zeitigen. Wenn sowohl die Vertriebenen sowie die Drogen produzierenden Bauern als auch die MFDC-Kämpfer selbst wieder eine staatlich garantierte ökonomische Perspektive in der Casamance sehen, wird der Krieg langfristig seine wirtschaftliche Bedeutung verlieren. Aus nutzenorientierter Rationalität könnten politischer Dialog und der Wille zum dauerhaften Frieden werden.

Um politischen Dialog zu erreichen, muss sich jedoch zunächst die Haltung der Zentralregierung radikal ändern. Erst dann wird die MFDC ihren Beitrag zur Entmilitarisierung der Kriegszone durch Ablieferung ihrer Waffen leisten. Denn das Dilemma ergibt sich gerade aus den genannten differenten Politikrationalitäten: Während die Rebellen ihre den Staat destabilisie-

---

[539] Vgl. Ebenda.
[540] wenn auch nur langfristig und mit großem finanziellen Aufwand
[541] Vgl. Sané Bachir, Babacar: A.a.O. S. 2.

renden Ziele mit unkonventionellen, maßlosen Gewalttaktiken verfolgen und ihr politisches Verlangen nach Anerkennung ihrer Andersartigkeit nicht aufgeben, versucht der Staat ebenfalls mit militärischer Gewalt, seine Staatsgewalt zu verteidigen. Die Divergenz zwischen den von den Regierungspolitikern[542] zum Ziel gesetzten Grundprinzipien der staatlichen Einheit, der Unverletzlichkeit und Kontrolle territorialer Integrität, unangefochtener Staatsgewalt, Herrschaftsanspruch und Nationalstaatlichkeit sowie den Vorstellungen der Rebellen könnte nicht größer sein. Denn die Guerilleros berufen sich auf regionale Besonderheiten und daraus resultierende Separatstaatlichkeit, die von ethnisch überformter und nationalistischer Identitätssuche begleitet wird. Parallel symbolisiert ihr Widerstand gegen den senegalesischen Staat aber auch den Wunsch nach Integration, die der Staat wiederum nicht garantieren will oder kann. Ein Lösungsansatz muss konkret an diesem Problem der nicht kompatiblen Politikrationalitäten ansetzen.[543]

Solange die Regierung auf ihrem unwiderruflichen Standpunkt verharrt, Verhandlungen mit der MFDC nur dann führen zu wollen, wenn der Wunsch nach Unabhängigkeit unberücksichtigt bleibt, wird sich keine politische Dialogfähigkeit zwischen den Streitparteien entwickeln. Marut verweist auf die eindimensionale Verhandlungstaktik der senegalesischen Politiker, indem er provozierend fragt: „Ist es nicht aber besser, mit dem Gegner so zu verhandeln, wie er nun mal ist und nicht zu versuchen, ihm Maßnahmen krampfhaft abzugewinnen, wenn das Problem der Casamance wirklich gelöst werden soll?"[544] Nach zahlreichen erfolglosen Verhandlungen zwischen der MFDC bzw. der Front Nord und der Regierung scheint es der falsche Ansatz zu sein, die Separatisten zur Aufgabe ihres Unabhängigkeitsbestrebens zu zwingen. Marut begründet den eng gefassten Handlungsansatz der politischen Verantwortlichen mit dem „Traum einer MFDC, die keine Unabhängigkeit fordert"[545]. In diesem Kontext ist auch die „Diabolisierungspolitik"[546] und die simplifizierende Polarisierung der

---

[542] und verfassungsrechtlich verankerten Staatszielen

[543] Im schlimmsten Fall werden sich die geschilderten differenten Politikrationalitäten erst dann aufheben, wenn der senegalesische Staat durch den Guerillakrieg tatsächlich jede Macht- und Legitimationsgrundlage verliert und damit zur Lösung des Problems gezwungen wird.

[544] Marut: Problème. S. 447.

[545] Ebenda. Auch ein Mitarbeiter der Botschaft von Guinea-Bissau betonte die Einheit des Senegals: „Die Lösung des Konfliktes mit der MFDC ist klar und unbestreitbar, keine Teilung in zwei Staaten." Interview am 21.08.2002 mit Serafim Ianga, Botschaft von Guinea-Bissau, Point E, Dakar, Senegal.

[546] Marut: Problème. S. 439. Andererseits betreibe die Regierung eine „Neutralisierung" der Diola, um sie in ihrer „traditionellen Natürlichkeit" mit ihrer schönen Landschaft in der Casamance den Touristen zu „verkaufen". (434)

Regierung einzuordnen, die politischen Dialog verhindern. Die Polarisierung spiegelt sich laut Marut in der Exklusion des jeweils anderen wider: „Die MFDC als einzige authentische Vertretung des Volkes in der Casamance, der senegalesische Staat als einziger Repräsentant des senegalesischen Volkes."[547] Dieses Phänomen, das Marut „reziproke Diabolisierung"[548] nennt, bietet in ihrer erhöhten Eskalationsform keinerlei Raum mehr für politische Verhandlungen.

Da sich das Problem in der Casamance nicht auf wirtschaftliche Tatbestände wie verzögerte Entwicklung und Wettbewerb um Ressourcen[549] reduzieren lässt, leitet sich Konfliktregulierung aus den politischen Determinanten einer umfassenden Demokratisierung ab. Denn der Konflikt in der Casamance stellt laut Marut das gesamte politische System des Senegals in Frage.[550] So ist der Konflikt ein Spiegel der Divergenz von theoretischen Verfassungsprinzipien und praktischer Politik, die sich an zahlreichen Beispielen belegen lässt: Der Schutz der menschlichen Person durch den Staat (Art. 7, Abs. 1), die Unverletzlichkeit der Bürger- und Menschenrechte (Art. 7, Abs. 3), Gleichheit aller Staatsbürger mit gleichen Rechten (Art. 7, Abs. 4), der Schutz der Jugend durch den Staat (Art. 16, Abs. 3) und die Berücksichtigung regionaler, kultureller Besonderheiten (Präambel). Bürger- und Menschenrechtsverletzungen, Verhaftungen ohne richterlichen Haftbefehl, Jugendliche als Guerilleros, Drogen- und Waffenhändler innerhalb kriegsökonomischer Strukturen zeichnen ein anderes Bild vom „demokratischen und sozialen"[551] Senegal. Regional bedingte kulturelle, politische und wirtschaftliche Besonderheiten verlieren durch das unerbittlich verfochtene Verfassungsziel der Einheit der Nation und der Unverletzlichkeit der territorialen Integrität ihre Gültigkeit. Daher sind Demokratisierungsbemühungen anzustreben, die das gesamte politische System Senegals betreffen. Zwar erweist sich Schoch zufolge auch die Demokratie keineswegs als „ein Allheilmittel zur Lösung aller ethnonationalen Konflikte"[552]. Denn verstärkte Demokratisierungsmaßnahmen bergen auch Gefahren, dass ethnonationale Konfliktpotenziale und Eskalation von Gewalt mit Beginn der Demokratisierung nicht ab-, sondern zunehmen.

---

[547] „Casamançais ist Synonym für separatistisch und senegalesisch für anti-separatistisch." Marut: Question. S. 203. „Die Tatsache, dass die Rebellion ihre essentielle Rekrutierungsbasis in der Diola-Bevölkerung findet, bedeutet nicht, dass alle Diola Separatisten sind […]. Wenn die Rebellion auch größtenteils eine *Diola- Rebellion* ist, ist sie noch lange keine *Rebellion der Diola*." (164)

[548] Ebenda. S. 203.

[549] entweder seitens einer Region wie die der Casamance oder seitens des Staates.

[550] Vgl. Marut: Problème. S. 444.

[551] Senegalesische Verfassung, Art. 1 Abs.1.

[552] Schoch: Friedensstrategien. S. 62.

Dadurch, dass die Nation[553] im Prozess der Demokratisierung zur einzigen herrschaftslegitimierenden Instanz erhoben wird, bleibt für ethnische Identitäten als lokale oder subregionale Zugehörigkeiten wenig Raum. Vor allem in zentralistischen Regierungssystemen wie im Senegal verfügen lokale Autoritäten über nur geringe Entscheidungskompetenzen. Diesbezüglich bieten sich zwei Varianten zur Problemlösung an: Zum einen könnte die Zentralregierung der Casamance mehr Kompetenzen im Rahmen einer Territorialautonomie zuteilen. Dies würde einer Dezentralisierungsmaßnahme entsprechen, bei der „Kompetenzen von ‚oben nach unten' verlagert"[554] und Sonderregelungen für die Südprovinz getroffen würden. Zum anderen besteht laut Schneckener die Möglichkeit, den Gesamtstaat zu föderalisieren und die Gliedstaaten mit gleichen Rechten auszustatten.[555] Angesichts dessen, dass nicht nur die Casamance, sondern auch Regionen wie Tambacounda der Peripherie zuzuordnen sind, stellt eine Föderalisierung des Gesamtstaates eine angemessene Lösung dar. So würde Macht zwischen der Zentralregierung und den Regionen gleichermaßen aufgeteilt. Dabei ist ein „Spagat" zwischen staatlicher Einheit und regionalen Zugeständnissen durchaus denkbar.[556]

Evident ist jedoch, dass die in der Peripherie ansässigen Bevölkerungsgruppen wie in der Casamance grundsätzlich angemessener bzw. gleichberechtigt in das gesellschaftspolitische Gesamtsystem zu integrieren sind. Denn zahlreiche Experten wie Cruise O'Brien, Marut oder Gasser[557] bewerten das separatistische Bestreben der MFDC nicht wirklich als Ablehnung des Herrschaftsverbandes, sondern als Wunsch nach Teilhabe am

---

[553] Aber „ohne den Nationalismus als mobilisierenden Katalysator gelang bisher kaum eine Demokratisierung". Ebenda. S. 63.

[554] Schneckener, Ulrich: A.a.O. S. 334. Jedoch können Territorialautonomien auch scheitern: Beispiel Kosovo.

[555] Vgl. Ebenda. S. 335.

[556] wie beispielsweise im Fall Spaniens (ungeachtet dessen, dass Spanien durch die baskische ETA (Euskadi ta Askatasuna, Freiheit für die baskische Heimat) destabilisiert wird.)

[557] Vgl. Gasser: Manger. S. 488. „Die MFDC strebt vielmehr an mit *essen* zu dürfen als wegzugehen." („*Essen*" steht symbolisch für den Wunsch der Partizipation, „weggehen" bildlich für Sezession.)

gesellschaftspolitischen System.[558] Zu stützen ist diese These mit dem Hinweis Münklers, dass der Guerillakrieg ein „Krieg der Schwachen"[559] ist, auf den Senegal übertragen ein Krieg der Benachteiligten und unzureichend Repräsentierten. Daher könnte eine Föderalisierung des politischen Systems unter Gewährung gleicher Rechte der jeweiligen Regionen dem Vorwurf mangelnder Integration und Missachtung regionaler Partikularitäten Abhilfe leisten. Durch Territorialautonomie würden die lokalen Autoritäten in Politik, Recht und Administration mit größerer Souveränität ausgestattet. Vor allem für die Casamance, die geopolitisch durch die gambische Enklave vom Rest Senegals und vom Machtzentrum Dakar besonders ungünstig abgetrennt[560] ist, bietet sich die Regelung an, in Maßen gehaltene eigene Hoheitsrechte ausüben zu lassen. Aber sie ist auch daher sinnvoll, weil die Forderung nach Selbstbestimmung seitens der MFDC ein Signal dafür ist, eine eigene Identität erst noch zu etablieren.[561] Der Konflikt reflektiert laut Marut ein Verlangen nach mehr Demokratie, nach größerer Selbstbestimmung und höherer Eigenverantwortlichkeit. Durch Militärschläge versuche die Regierung jedoch, dieses gewaltvoll zu unterdrücken.[562] Daher erscheint die Gewährung von territorialen Autonomieregelungen oder Föderalisierungsmaßnahmen des Gesamtstaates durch die Regierung vor dem Hintergrund einer traditionell jakobinischen Staatskonstitution als äußerst unwahrscheinlich. Aber Gasser zufolge schließt dieses seit der Kolonialzeit verankerte Regierungsmodell nicht sämtliche Dezentralisierungsmaßnahmen aus.[563] Denn administrative Neugliederungen stellen eine institutionelle Lösung des Konfliktes dar. Dadurch, dass sich der senegalesische Staat in Westafrika immer als demokratisches Vorzeigemodell verstanden hat und mit der neuen Regierung

---

[558] Vgl. Cruise, O'Brien: Le sens. / Marut: Problème. / Gasser: Manger. S. 506 / 443 / 488. Es ist aber zwischen den gemäßigten Kräften, die eine angemessene Integration in den Staat, und den radikalen Kräften der MFDC, die eine Abspaltung verfolgen, zu differenzieren. Ebenda. S. 483. Der Wunsch nach Teilhabe spiegelt sich auch in der Forderung der Handels- und Marktfrauen aus der Casamance nach einer effizienten, kostengünstigen Fährverbindung von Ziguinchor nach Dakar wider. Vgl. Interview am 23.08.2002 mit a) den Marktfrauen des Marktes Elisabeth Diouf am Hafen von Dakar, Pressekonferenz und b) mit Felix Mathieu François Gomis, ANAFA (Assistance Nationale pour la Formation des Adultes), Journalist. Dakar, Senegal.

[559] Münkler, Herfried: Einleitung. Die Gestalt des Partisanen. Herkunft und Zukunft. In: Ders. (Hrsg.): Der Partisan. A.a.O. S. 26. Künftig zitiert als „Münkler: Partisan".

[560] Es gibt jedoch andere periphere Regionen, die weitaus isolierter sind, wie beispielsweise Tambacounda. Innerhalb der Casamance selbst ist die Region um Kolda nur sehr schwach entwickelt. Demnach müsste Kolda das Zentrum der Rebellion sein, nicht Ziguinchor. Vgl. Marut: Problème. S. 435.

[561] Vgl. Gasser: Manger. S. 490.

[562] Vgl. Marut: Problème. S. 450 f.

[563] Vgl. Gasser: Manger. S. 493.

unter Wade seit dem Jahre 2000 wieder demokratischen Aufwind erlebt, erscheinen institutionelle Reformen nicht mehr völlig ausgeschlossen. Im Rahmen einer umfassenden Demokratisierung spielt auch ein angemessener Minderheitenschutz eine bedeutende Rolle. Angesichts der ethnisch diskriminierenden Klientelpolitik des Staates und insbesondere wegen seiner multiethnischen Beschaffenheit könnte eine Politik der Anerkennung der richtige Weg für Senegal sein. Die rechtliche Verankerung einer solchen Politik findet ihren Ausdruck in verfassungsrechtlich festgeschriebenen Minderheitengesetzen oder/und in spezifischen Einzelgesetzen wie beispielsweise Sprachen- und Mediengesetzen.[564] Zur Lösung des Konfliktes müsste die Regierung zunächst Maßnahmen zur Realisierung von Gleichstellungsrechten, folglich Kultur-, sowie Repräsentations- und Selbstverwaltungsrechten ergreifen. Dabei geht es nicht nur um ihre verfassungsrechtliche Gewährung, sondern um Bereitstellung der entsprechenden Mittel: Beispielsweise um Einführung eines ethnischen Kodex bei der Amts- und Postenvergabe oder um Auflösung der nur de facto zweisprachigen Medienlandschaft. Auf diese Weise gelingt es, sämtliche ethnische Gruppen unter Berücksichtigung ihres Minderheitenstatus effektiver an Entscheidungen teilhaben zu lassen. Im Hinblick auf die muslimische Wolof-Dominanz stellt ein solch ausgestaltetes politisches System einen Ausweg aus dem Klientelismus dar. Diese Maßnahmen können sich aber nur dann bewähren, wenn sich der Staat langfristig um demokratische und institutionelle Innovationen[565] bemüht. Das ist bisher aber kaum erkennbar.

Konfliktlösung und Staatsstabilisierung stehen aber auch in der Verantwortung der Nachbarstaaten Gambia und Guinea-Bissau. Der Krieg in der Casamance zeitigt bereits zwischen- bzw. transnationalstaatliche Dimensionen, da die gesamte guineische Subregion betroffen ist. Da die Beziehungen zwischen Senegal und den Grenzstaaten äußerst gespannt sind, und die MFDC in der Casamance ein politisches Großprojekt mit Gambia und Guinea-Bissau plant,[566] ist für Senegal Diplomatie ratsam. Die „Union der 3 B's"[567], die ein großes separatistisches Casamance-Gebiet umfassen soll, entzöge dem Senegal jeden machtpolitischen Einfluss. Demzufolge würde die Casamance mit den beiden Nachbarstaaten eine politische Gemeinschaft und ein Gegengewicht[568] zum - aus deren Perspektive hegemonialen - Senegal bilden. Um dieses Machtproblem zu lösen, sind bilaterale Ab-

---

[564] Vgl. Schneckener, Ulrich: A.a.O. S. 78 f.

[565] Dazu gehöre auch die Gewährung der Menschenrechte, wogegen Senegal besonders verstoße. Vgl. Interview am 17. / 18.08.2002 mit Maître Boukounta Diallo, Rechtsanwalt („Avocat à la Cour"), 5, Place de l'Indépendance, Dakar, Senegal.

[566] Vgl. Marut: Question. S. 225 / 465 f.

[567] Ebenda. Banjul (Gambia) - Bignona (Casamance) - Bissau (Guinea-Bissau).

[568] Diop bezeichnet die Union als „antisenegalesische Achse". Diop: Voisins. S. 211.

kommen in konsensualem Rahmen unabdingbar. Das resultiert nicht nur aus machtpolitischen Determinanten, sondern auch aus gemeinsamen Anliegen wie die Lösung des Problems der staatenübergreifenden Flüchtlingsströme sowie des Minderheitenschutzes. Deren politische Konzipierung ist im Rahmen der existierenden Integrationsbündnisse umzusetzen: Innerhalb der regionalen Integrationsplattformen OAU[569], ECOWAS[570] oder NE-PAD[571] könnte die durch den Konflikt destabilisierte Subregion wieder zu mehr Stabilität gelangen. Eine effektive Krisen- und Konfliktbewältigung sowie die Förderung regionaler Friedensbemühungen können nur im Rahmen der (west-) afrikanischen Gemeinschaft, nicht aber von Einzelstaaten wie Senegal allein erreicht werden. Die Stärkung des westafrikanischen Bündnisses ECOWAS (bzw. ECOMOG[572]) kann dahingehend ein wichtiger Beitrag sein, Konflikte zu lösen, das regionale Sicherheitsniveau zu erhöhen und Staaten in Postkriegsphasen zu stabilisieren.

Schließlich ist auch die internationale Völkergemeinschaft aufgerufen, supplementäre Lösungsoptionen anzubieten. Dass der Krieg in der Casamance auch internationale Berührungspunkte aufweist, wird vor allem durch die noch immer enge Anbindung Senegals an Frankreich deutlich. Frankreich sieht durch sein immenses Truppenaufkommen in den frankophonen Staaten[573] Westafrikas seine Machtsphäre noch immer gewahrt.[574] Daher ist für den französischen Staat von Relevanz, wie die senegalesische Regierung den Konflikt zu lösen versucht.[575] Da die MFDC auch einen europäischen Flügel in Frankreich und anderen frankophonen Staaten unterhält, ist besonders Frankreich als Vermittler aufgerufen, durch friedenspolitisches Engagement und Verhandlungen zur Konfliktlösung beizutragen. Die internationalen Berührungspunkte werden auch durch die Kriegsfinanzierung offensichtlich. Marut betont, dass der Krieg in der Casamance

---

[569] Die „Organization of African Unity" (1963 gegründet, 53 Mitglieder) steht für ein einheitliches Afrika mit kontinentaler Ausrichtung.

[570] Die „Economic Community of West African States", 1975 gegründet, besteht aus 15 Mitgliedern und versteht sich als regionales Integrationsbündnis primär im ökonomischen Sektor, aber auch in den Bereichen Sicherheit und Frieden (Liberia).

[571] Die „New Partnership for Africa's Development" ist ein im Oktober 2001 vorgestelltes afrikanisches Programm zur Verbesserung der Entwicklung und zu erhöhtem Engagement in der Weltpolitik. Südafrika, Algerien, Nigeria, Ägypten und Senegal bilden das „steering committee" [das leitende Komitee.]

[572] Die „Monitoring Group" von ECOWAS stellt nicht permanent agierende Streitkräfte, die 1990 für Liberia auf Grund des Staatskollapses und des daraus resultierenden Sicherheitsproblems gegründet wurde.

[573] Dazu zählen Senegal, Benin, Togo, Burkina Faso, Mali, Guinea, Côte d'Ivoire und Niger.

[574] vgl. dazu Karte im Anhang [Frankreichs Einfluss in Westafrika.]

[575] „So kommt es, dass Frankreich offenkundig keine senegalesische Niederlage in der Casamance will [...]." Marut: Problème. S. 449.

ohne internationale Hilfe nicht finanzierbar sei.[576] So lässt sich in Frankreichs Handeln ein Widerspruch zwischen dem theoretischen Wunsch einer Konfliktlösung und einer tatsächlichen Stärkung der senegalesischen Armee aufdecken.[577] Frankreich muss daher in Zukunft noch intensiver im Rahmen der EU[578] bzw. der UN Fürsprecher für die Lösung afrikanischer Konflikte werden. Neben eigenen Truppenkontingenten, die es in Krisen einsetzt, leistet auch das Krisenmanagement der UN Abhilfe. Die internationale Gemeinschaft ist daher zum Handeln aufgerufen, weil die (sub-)regionalen Konfliktlösungsmechanismen wie die der ECOWAS noch schwach ausgebildet sind.[579] Aber auch die UN allein scheinen für globale Konfliktbewältigung nicht gerüstet zu sein, da das Instrumentarium ihres Krisenmanagements noch immer auf zwischenstaatliche Kriege ausgerichtet ist. Die Realität reflektiert jedoch ein anderes Bild. Senegal ist ein Staat unter vielen, der aus innerstaatlichen, gesellschaftspolitischen Motiven heraus zu kollabieren droht, wenn der Krieg nicht beendet und ein möglichst allen Streitparteien genügendes, langfristiges Lösungskonzept gefunden wird. Realität ist auch noch immer, dass „das Verbot der Einmischung in innere Angelegenheiten das alle Staaten verbindende gemeinsame Interesse [ist], wenngleich es in einem unauflösbaren [...] Widerspruch steht zu der prinzipiell universellen Geltung der Menschenrechte."[580]

Auch wenn jede Ebene für sich einen relevanten Beitrag zur Staatsstabilisierung und Befriedung der Gesamtregion leisten kann, sind diese Handlungskonzepte von den verschiedenen Organen nur in Interaktion miteinander als Gesamtpaket zu realisieren. Es liegt jedoch am meisten in der Verantwortung des Senegals, der durch den Konflikt direkt betroffen ist, die geschilderten Konzepte mit *supplementärer* Unterstützung umzusetzen. Nur dann kann die Casamance zu Frieden finden und der Delegitimierungsprozess staatlicher Autorität aufgehalten werden.

---

[576] Vgl. Ebenda. „Kann man daher sagen, dass Senegal manipuliert wird?" (449 f)

[577] Vgl. Ebenda. S. 450.

[578] Die EU kann auf Grund fehlender Militärkapazitäten bisher „nur" für friedenspolitische Konzepte (z.B. für zivile Konfliktbearbeitung) zuständig sein.

[579] Vgl. Debiel, Tobias: UN-Friedensoperationen in Afrika. Weltinnenpolitik und die Realität von Bürgerkriegen. Sonderband der SEF. Bonn 2003. S. 218. Auch Somalia ist ein Beispiel dafür, dass Regionalorganisationen nicht erfolgreich waren, denn die OAU und die Arabische Liga unternahmen zu wenig, um den Zerfall des Staates zu verhindern.

[580] Schoch: Friedensstrategien. S. 61.

6 Schlussbetrachtung und Ausblick

Der senegalesische Staat ist durch den Guerillakrieg in der Casamance tatsächlich nur *beschränkt* handlungsfähig und ist damit einer der „geschwächten, unruhigen Staaten und [unterliegt] den unkontrollierbaren internen Kräften, die sie bedrohen."[581] Durch die Fallanalyse ist deutlich geworden, dass sich instabile Staatlichkeit durch die unabhängige Variable des Guerillakrieges nicht ausschließlich, aber weit gehend bestimmen lässt. Die These Ohlsons und Söderbergs, die als Ausgangspunkt dieser Arbeit dient, hat sich demnach am Fallbeispiel Senegal bewährt: Ein innerstaatlicher Krieg destabilisiert den ohnehin schwachen Staat mit erkennbaren Auswirkungen. Ebenso hat sich auch Gantzels Behauptung bewahrheitet, dass Sezessionskriege in solchen Staaten auftreten, in denen bereits ein defizitäres Herrschaftsgefüge identifizierbar ist.[582]

Durch den innerstaatlichen Rebellenkonflikt gewinnen die Defizite staatlicher Strukturen erst an Form bzw. erhalten eine größere Dimension. Dieser Tatbestand spiegelt sich besonders klar in Teilhypothese 3 wider, in der das Streben nach Eigenstaatlichkeit zwar als Ausdruck verfehlter Integrationspolitik des Staates, aber durch den Krieg als Überformung von Partikularinteressen zu bewerten ist. Im Mittelpunkt der Betrachtung stehen daher die Auswirkungen der im Krieg überformten Elemente wie politischer Sezessionismus bzw. ethno-nationalistischer Separatismus, ökonomisches Profitverhalten und vor allem Guerillataktiken: Guerillakriege unterminieren die zentrale Handlungsautonomie des Staates insoweit, dass sie Leistungsbeeinträchtigung und Delegitimierung des Staates *beschleunigen*. Mit den normativ gesetzten politikwissenschaftlichen Indikatoren, die den Staat als Territorialstaat, Herrschaftsmacht und Nationalstaat definieren, lässt sich eine senegalesische Regierungspolitik aufdecken, die einen „unsubstanziellen Staat"[583] mit zahlreichen Defiziten kennzeichnet. Diese werden durch den Krieg noch verschärft: Mangelnde Sicherheits- und Schutzfunktion vor Kriminalität und Anschlägen, Verletzung der Menschenrechte und dadurch bedingte defizitäre Rechtsstaatlichkeit, unzureichende Bemühung zur Wiederherstellung des Landfriedens, unausgeglichene politische Partizipation durch Klientelpolitik und starren Zentralismus, defizitäre Infrastruktur und mangelnde Wohlfahrtsfunktion. Von den drei Staatsinterpretationen ist im senegalesischen Fall noch nicht einmal die territorialrechtliche Minimaldefinition erfüllt. Denn die Fallanalyse beweist unter Betrach-

---

[581] Rufin: Kriegswirtschaft. S. 40.
[582] Vgl. Gantzel: Krieger / Kämpfer. S. 6.
[583] Mutschler, Alexander: A.a.O. S. 59.

tung des Guerillakrieges weder ein einheitlich verfasstes Staatsterritorium noch eine den Verfassungsprinzipien entsprechende Regierungspolitik. Zwar ist systembedingt evident, dass ein Staat wie Senegal nicht nach europäischen Maßstäben wie Territorialität und Nationalstaatlichkeit zu bemessen ist, aber auch sein Herrschaftsanspruch verliert durch die Diskrepanz von Verfassungsrahmen und Staatstätigkeit seine Gültigkeit. Damit sind auch die Determinanten Macht und Herrschaft, die Staatlichkeit generell in der soziologischen Interpretation bestimmen, nicht erfüllt. Dies ist - wie in Teilhypothese 2 erläutert - eindeutig auf die irreguläre Kriegsführung der nichtstaatlichen Akteure zurückzuführen und hinreichend mit Daases Ansatz ableitbar. Denn dieser bewährt sich - unter der Einschränkung, dass systemimmanente Faktoren wie schwache Institutionalisierung und starrer Neopatrimonialismus staatliches Verhalten beeinflussen - insoweit, dass bei Konfrontation zweier ungleicher Kriegsgegner der Staat und sein politisches System tatsächlich Schaden nehmen. Im Machtkonflikt mit den Guerilleros unterliegt der Staat, da er zwar seine Interessen zunächst effektiv durchzusetzen versucht, sein Kriegsaustragungsmodus der Repression und Normwidrigkeit ihm jedoch zuerst Legalität, dann Legitimität abspricht. Legitime Staatlichkeit als Schlüsselfaktor für Herrschaft wird gerade nicht nur durch militärisches Durchsetzen des eigenen Willens gegen separatistisches Widerstreben erreicht. Denn der Staat ist laut Daase als politisch vergesellschaftete Einheit auf bestimmte Regeln und Gesetze festgelegt, die der Legitimität wegen einzuhalten sind. Die Guerillataktik wird dem Staat demzufolge durch die asymmetrischen Konfliktstrukturen dauerhaft zum Verhängnis. Durch Attacken nichtstaatlicher und irregulär kämpfender Rebellen lässt er sich besonders herausfordern, um seine Leitprinzipien als Machtmonopol entschlossen zu verteidigen. Die Guerilleros jedoch versuchen die „Überlegenheit einer regulären Armee im offenen Konflikt wettzumachen"[584]. Vor allem Kleinkriegsmerkmale wie Rückhalt[585] aus der Bevölkerung oder Entgrenzung von Raum und Zeit hindern die reguläre Armee daran, „die Partisanen zu lokalisieren, den Kampfraum zu begrenzen und so den Krieg erfolgreich zu beenden"[586]. Die *Verwundbarkeit* des politischen Systems findet ihren Ausdruck in der Auflösung staatlicher Handlungsspielräume, innerhalb derer Politikinhalte, Strategien und Reichweite zu bestimmen sind. Das wiederum zeugt von einer erheblichen Beeinträchtigung der staatlichen Regelungsbefugnis, so dass das Unabhän-

---

[584] Münkler: Partisan. S. 27.
[585] Dieser muss zumindest mäßig sein. Die MFDC hat seit ihrer Guerillaoffensive an Basis aus der Bevölkerung verloren. Auch wenn der zivile Rückhalt ein wichtiger Indikator für die Stärke einer nichtstaatlichen Rebellengruppierung ist, kann darauf nicht detaillierter eingegangen werden.
[586] Münkler: Partisan. S. 27.

gigkeitspostulat des Staates durch die Irregularität der Rebellen mit ihren erfolgreichen Guerillastrategien seinen Anspruch auf Gültigkeit verliert. Die methodische Herangehensweise unter Anwendung mehrerer Theorieansätze hat sich für dieses Analysebeispiel als angemessen herausgestellt. Denn es zeigt sich, dass die Übertragung von Daases Ansatz auf Senegal zwar erfolgreich ist und einen sinnvollen Schwerpunkt in der Analyse setzt, in dieser Arbeit jedoch nicht ausreicht, um ein komplexes Indikatorenraster von Staatlichkeit[587] zu prüfen. Denn auf Grund der Charakteristika eines nachkolonialen Staates, die nicht unbenannt bleiben sollen, beansprucht eine Staatsanalyse wie die des Senegals partiell Theorieansätze, die Faktoren wie klientelistische Strukturen zumindest ergänzend einblenden. Verdeutlicht wird dies an der Aussage Daases, dass Staaten zu raten sei, sich im Guerillakrieg an die Regeln zu halten.[588] Dies wird aber doch erst realisierbar, wenn der betroffene Staat institutionell relativ *stabil* und weit gehend *demokratisiert* ist. In diesem Zusammenhang ist auf systemimmanente Charakteristika und deren theoretische Betrachtung durch Anwendung des Neopatrimonialismus bzw. Klientelismus[589] unbedingt einzugehen. Dies ist auch für Konfliktlösung und Staatsstabilisierung von Relevanz. Denn ein Konflikt ist nicht nur dadurch zu lösen und ein Staat nicht nur dadurch zu stabilisieren, dass Kriegstaktiken wieder regulären Charakter annehmen. Zwar analysiert Daase in seiner Studie keine klassisch nachkolonialen und innenpolitisch äußerst schwachen Staaten. Doch dadurch, dass z.B. die Türkei, die er in einer seiner Länderstudien in den Blick nimmt, ebenso wenig als ein demokratisch und institutionell konsolidierter Staat zu betrachten ist, treffen diese Feststellungen durchaus auch auf seine Beispiele zu. Auch Israel weist erhebliche systembedingte Defizite in seinem Herrschaftspotenzial auf, da es auf die palästinensischen Attentate bisher immer wieder mit harschen Militärschlägen reagierte. Daher erscheint ein Vergleich sehr aufschlussreich zu sein. Zwar steht Daases Ansatz, der die Kriegspraxis an Stelle von Ursachenzusammenhängen hervorhebt, klar im Mittelpunkt der theoretischen Erfassung. Jedoch bilden systembedingte und das politische System charakterisierende Ansätze wie der Neopatrimonialismus eine angemessene Ergänzung, um den Kausalzusammenhang von Staatsinstabilität und Guerillakriegen hinreichend zu bestimmen. So leisten auch der sonst empirisch nicht haltbare Konstruktivismus und der primordiale Ansatz einen theoretischen Beitrag zur Natio-

---

[587] Staatlichkeit im Lichte der Dreigliedrigkeit: Territorialrechtlichkeit, Herrschaft und Nationalstaatlichkeit.

[588] Vgl. Daase, Christopher: A.a.O. S. 264.

[589] Neopatrimonialismus und Klientelismus verweisen wiederum auf einen schwachen Institutionalisierungsgrad.

nalstaatskomponente, der zwar keinesfalls umfassend, aber in Ansätzen diskutabel ist.

Durch Kombination der Theorieansätze gelingt eine komplexe Fallstudie, die Erklärungen sowohl über die irreguläre Kriegspraxis als auch deren Hintergründe abgibt: Daase legt mit seinem Ansatz beispielsweise die Vergesellschaftungsform eines Akteurs für sein Verhalten zu Grunde. Der Ansatz stellt weiterhin darauf ab, dass durch asymmetrische Konfliktstrukturen und Kriegsführung der politische, staatliche, höher vergesellschaftete Akteur entgegen seiner Vergesellschaftungsform handelt. Dies ist jedoch nicht nur kriegstaktisch zu erklären. Denn auch der Klientelismus bzw. Neopatrimonialismus und das schwache Institutionengefüge dienen zur Erklärung des repressiven, normwidrigen Regierungshandelns. Ähnlich gelagert ist der Erklärungsansatz der Persistenz des Guerillakrieges. Mit dem Begriff des neuen Kleinkrieges, der wissenschaftlich vielfach hergeleitet ist,[590] bietet sich vor dem Hintergrund ökonomischer Motive der Rational Choice-Ansatz an, um das von Profitinteressen geleitete Verhalten des Individuums im Kriegsgeschehen zu erklären. Zwar kann insgesamt keine allgemeine Theorie von Staatsinstabilität entwickelt werden, jedoch lassen sich mit dieser Herangehensweise bestimmte politikwissenschaftliche Kategorien von Staatlichkeit ableiten. Diese lassen sich im Lichte der Theorien auf das empirische Einzelbeispiel Senegal insgesamt erfolgreich anwenden.

Je nach Ansatzpunkt einer Untersuchung erweist sich der Ausgangspunkt eines ohnehin schwachen Staates als angemessen. Daases Ansatz der Kriegspraxis gewinnt dadurch an Form. Auffällig ist, dass der Untersuchungsgegenstand der Kriegstaktik in bisherigen Kriegsanalysen tatsächlich vernachlässigt wurde. Denn nicht nur Ursachen, sondern auch Auswirkungen eines Krieges stellen einen wichtigen Faktor zur Erklärung von Staatsinstabilität dar. Strukturelle Ansätze wie der von Daase, der eine ganze Reihe von Theoretikern wie Schmitt, Heydte, Münkler und Hahlweg impliziert, scheinen ergebnisorientierter als eine historische Ursachenanalyse zu sein, da sie den Akzent der Analyse auf Wirkung und Folgen legen. Wie relevant Guerillataktiken für die Erzeugung und Beschleunigung von Staatsschwäche sind, hat sich am Senegal im Rahmen der Herrschaftsanalyse deutlich gezeigt.

Der Vergleich zu Staaten wie Kongo, Somalia, Angola, Afghanistan oder Irak scheint nicht angemessen zu sein, da Senegal zwar deutliche Herrschaftsdefizite durch den innerstaatlichen Krieg aufweist, jedoch nicht akut von Staatskollaps betroffen ist. Doch aus diesen Beispielen, die den „Worst Case", das Ende von Staatlichkeit, symbolisieren, kann abgeleitet werden,

---

[590] Wie zitiert vor allem von Münkler, Kaldor, Elwert, Voigt, Rufin / Jean, Tetzlaff, Azzelini / Kanzleiter.

wohin Guerillakriege dauerhaft führen, wenn sie nicht mittel- und langfristig politisch verhindert bzw. schnellstens beendet werden. Offensichtlich ist durch die Fallstudie geworden, welche weit reichenden *Ausstrahlungseffekte* der Krieg in der Casamance zeitigt. Nicht nur innenpolitische Prozesse wie Entmilitarisierung, Demokratisierung, Institutionalisierung und Stabilisierung des Gesamtssystems verzögern sich durch den innerstaatlichen Krieg. Gleich zwei Nachbarstaaten, Gambia und Guinea-Bissau, sind in den Konflikt involviert und gleichermaßen von Destabilisierung durch die Kriegsfolgen betroffen. Gambia ist unmittelbar von den Konsequenzen des Krieges betroffen, da es als Enklave ungünstige geografische Berührungspunkte mit der Casamance aufweist: Es verbindet als fremdländischer anglophoner Staat die Casamance mit dem Rest Senegals. Guinea-Bissau hingegen ist prinzipiell im Grenzgebiet in den Krieg verwickelt, durch Ausweitung des Krieges im Jahr 1998 ist es jedoch zu einer der Kriegsparteien geworden. Barry bestätigt Ausstrahlungseffekte, indem er darauf verweist, dass der Konflikt in der Casamance heute ein ernst zu nehmender Faktor für Ungleichgewicht in der Subregion sei.[591] Der Konflikt könne Barry zufolge eine andere Richtung einschlagen und das Gleichgewicht der gesamten Region schwächen, wie sich das bereits durch den Konflikt in Liberia ausdrückt. Seck hingegen bezeichnet die gesamte Region Westafrikas durch Staaten wie Liberia, Sierra Leone, die Elfenbeinküste, Ghana und Nigeria als instabil: Der Krieg in der Casamance leiste seinen Beitrag dazu.[592] Zudem sind es die zwischenstaatlichen Spannungen und Machtrivalitäten unter den Staaten, die den Konflikt in der Casamance nähren und zugleich die innenpolitischen Problemfelder innerhalb Senegals ausblenden, die den Konflikt wiederum verschärfen und verlängern. Durch diese genannten Konstanten, die den Konflikt in der Casamance bestimmen, wird deutlich, dass der Konflikt äußerst vielschichtig ist: Territorial und geopolitisch nicht in den Rest Senegals integriert und daher staatlicher Kontrolle weit gehend entzogen, nationalstaatlich so fragil, dass die fehlende staatliche Identität von ethnischen Teilinteressen substituiert wird, gesellschaftspolitisch auf Grund unzureichender politischer Partizipation und ethnischer Repräsentation fragmentiert. Auch sei zu fragen, ob der originär lokale Konflikt in der Casamance nicht tatsächlich inzwischen ein regionaler Guerillakrieg mit zwischenstaatlichen Ausmaßen ist. Nahe liegend ist jedoch, dass der Krieg als Spiegel gesellschaftspolitischer Missstände zu bewerten ist, die der Staat nicht regulieren kann oder will. Daher lassen sich europäische Maßstäbe von Staatlichkeit in der Regierungspraxis nur bedingt heranziehen. Andererseits bekennen sich Staaten wie Senegal zu

---

[591] Vgl. Barry, Mamadou, Aliou: A.a.O. S. 39.
[592] Vgl. Interview am 21.08.2002 mit Boubacar Seck, Congad, Sicap Amitié I, Villa 3089, Dakar, Senegal.

demokratischen, rechtsstaatlichen und modernen Verfassungen, die jedoch in klarem Kontrast zu den jeweiligen Regierungspolitiken stehen. Erst dadurch verpflichtet sich der senegalesische Staat, grundsätzliche Prinzipien einer Demokratie auch einzuhalten. Ein Guerillakrieg aber, der den Staat dauerhaft durch Intensität und Taktik zu zerbrechen droht, lässt das Ziel der Etablierung eines territorialen, nationalstaatlichen Herrschaftsverbands völlig obsolet werden. Dadurch, dass eine Rebellenbewegung den betroffenen Staat durch erhöhte Gewalt in seiner Legitimation beeinträchtigt, die er im Begriff ist zu festigen, werden ihm Staatlichkeitsprinzipien abgesprochen. Staatsinstabilität wird demzufolge beschleunigt. Dieses Phänomen und dessen Folgewirkungen auf den senegalesischen Staat hat die Analyse versucht herauszuarbeiten, um damit einen Beitrag zur Darstellung eines latent, aber weit reichend wirkenden Kleinkrieges in der westafrikanischen Region zu leisten.

Weit reichende Folgen zeigt ein solch innerstaatlicher Krieg auch für das *völkerrechtliche* Kriegsrecht. Laut Daase liege der Erfolg des Guerillakrieges gerade „in der Ambivalenz seiner Kriegsführung", und dabei verfügen die Kriegsakteure über keinerlei Anreiz, „sich an die Regeln der Kriegsführung zu halten"[593]. Die Stärke der Rebellen definiert sich sowohl über militärische Erfolge, in denen der Staat durch unkonventionelle Kriegselemente dauerhaft unterliegt, als auch über politische Erfolge. Letztere erschließen sich über die Reaktionen des Staates auf die Guerillataktiken, die ihrerseits einen Bruch der Kriegsregeln und einen dadurch bedingten Legitimationsverlust darstellen. Vor dem Hintergrund des Rationalitätsprinzips der Rebellen, das sich sowohl politisch als auch wirtschaftlich begründet, ist auch zukünftig unwahrscheinlich, dass Kriegsregeln eingehalten werden. Indessen prognostiziert Daase, dass der Kleinkrieg weiter „zur Auflockerung des Kriegsrechts" beitragen wird, „ohne, dass er selbst je verregelt werden könnte"[594]. Das verknüpft sich zudem mit der Tatsache, dass die Anzahl innerstaatlicher (Sezessions-) Kriege seit den 90er Jahren angestiegen ist, in denen Guerillataktiken erst wieder vermehrt auftraten.[595] Im Völkerrecht scheiterte bisher jede juristische Verregelung des Kleinen Krieges. Beispielsweise erkennt das Zweite Zusatzprotokoll der Genfer Zusatzprotokolle von 1977 einem substaatlichen Akteur erst dann einen Kriegsstatus zu, wenn dieser über die klassischen Prinzipien von Staatlichkeit wie Territorium, Regierung und reguläre Armee verfügt. Durch diese sehr hohe Schwelle werden zahlreiche substaatliche Kriegsakteure, die definitorisch

---

[593] Daase, Christopher: A.a.O. S. 244.
[594] Ebenda. S. 245.
[595] Zwar ist der Guerillakrieg ein zeitgeschichtliches und daher kein neues Phänomen. Jedoch dominiert im Guerillakrieg im Gegensatz zum zwischenstaatlichen Krieg (wie erläutert) irreguläre Gewalt.

unter dem juristischen Kriegsstatus liegen, nicht mehr rechtlich erfasst. Vor diesem Hintergrund besteht für diese Kriegsakteure kein Anreiz, ihre irreguläre Kampftaktik aufzugeben. Das aktuelle Völkerrecht, das sich noch immer nicht verstärkt auf innerstaatliche und vielfach multikausale Rebellenkonflikte ausrichtet, wird daher kaum einen effektiven Beitrag zur Verregelung von Guerillakriegen leisten können.

Terroristisch und / oder guerillataktisch ausgerichtete Aufstände, die meist mit ethno-nationalistischen Charakteristika verstärkt in defizitären Herrschaftssystemen auftreten, erweisen sich aktuell als ein *globales* Phänomen in zahlreichen Weltregionen:[596] In Afrika beispielsweise in Nigeria, Ruanda, Eritrea[597] und Sudan, in Asien auf Sri Lanka, in Indien (Kashmir), Indonesien (Aceh[598] / Ost-Timor[599]) und auf den Philippinen (Abu Sayyaf[600]), im Vorderen und Mittleren Orient in der Türkei (PKK), Russland (Tschetschenien) und Palästina (PLO / Al Fatah[601]), in Europa in den Nachfolgestaaten des ehemaligen Jugoslawiens (Kosovokonflikt) und Spanien (ETA[602]). Diese Beispiele veranschaulichen, dass der Casamance-Konflikt im Senegal, der als Einzelfall die empirische Basis für diese Arbeit bildet, ein globales, allgegenwärtiges Problempotenzial birgt. Ethno-nationalistische Sezessionsaufstände innerhalb von Staatsgrenzen stellen sich als abstraktes, vielfach auftretendes Phänomen dar, das die betroffenen Staaten in ihrer Konstitution, konkret in ihrer Leistungsfähigkeit und hinsichtlich ihrer Legitimationsbasis, unterminiert. Parallelen zwischen dem senegalesischen Konflikt und ähnlich gelagerten Krisenherden bieten sich daher an und könnten in einer staaten- oder kontinentsübergreifenden Studie vergleichend erörtert werden.

Als eine wichtige Parallele ist dabei die Zeitdimension zu nennen: Denn Hoffmann zufolge haben ethno-nationalistische, separatistische Terrorgruppen wie ETA, PLO, Al Fatah oder die IRA[603] „unverkennbar am längs-

---

[596] Länderbeispiele, in denen entweder um Autonomie oder Sezession gekämpft wird. Die Angaben wurden entnommen aus: Institut für Friedenspädagogik: Internationale Konflikte. Panorama der Konflikte - Materialien. Kriege und Konflikte 2001. [http://www.bpb.de/files/DESK6K.pdf]. 30.01.2004.

[597] Eritrea ist seit 1993 (24.05.) von Äthiopien unabhängig und stellt eine erfolgreiche Sezessionsentwicklung dar.

[598] eine muslimische Provinz Indonesiens, in der sezessionistische Rebellen für ein „freies Aceh" kämpfen.

[599] Ost-Timor ist ein weiteres Vorbild für Sezession, das am 19.05.2002 von Indonesien unabhängig wurde.

[600] muslimische, fundamentalistische Separatistenbewegung auf den Philippinen

[601] (politisch-) militärische, terroristische Befreiungsbewegung Palästinas

[602] Euskadi ta Askatasuna (Freiheit für die baskische Heimat)

[603] Irish Republican Army

ten existiert und waren auch am erfolgreichsten"[604]. Auch die MFDC besteht seit bereits zwei Jahrzehnten und konnte von der Zentralregierung nicht unterdrückt werden. Der konkrete Erfolgsfaktor der MFDC ist in diesem Umfang zwar nicht zu ermitteln. Offensichtlich ist jedoch, dass sich die oppositionelle Bewegung eine regionale Öffentlichkeit geschaffen hat. Ihre Zielvorstellungen werden zwar von der senegalesischen Regierung nicht umgesetzt, von den Rebellen aber nachdrücklich artikuliert. Hoffmann verweist darauf, dass „ihr Erfolg beim öffentlichen Anprangern von sonst unbeachteten Missständen" darin zum Ausdruck kommt, „dass es ihnen gelingt, Regierungen zu zwingen, sich Angelegenheiten zuzuwenden, die ohne Gewalttätigkeit der Terroristen weitgehend ignoriert worden wären"[605]. Von wissenschaftlicher Relevanz ist daher nicht nur der in dieser Arbeit analysierte negative Faktor der Wirkung von Guerillakriegen, sondern auch der messbare Erfolg von Sezessionsbewegungen. Weiterführende Forschungsarbeiten könnten sich mit der Frage auseinandersetzen, an welchen Determinanten sezessionistische Erfolge abzulesen sind, und inwiefern durch Kriegshandlungen mit separatistisch motivierten Zielen politischer Wandel im Staatensystem entsteht. Grundlagen für spezifische Fallstudien würden z.B. Eritrea oder Ost-Timor bilden, die Erfolgsmodelle für neue Staatenbildung repräsentieren. Auch hier bieten sich komparative Analysen an, die Aufschluss über Parallelen gleich gearteter Problemfelder verschiedener Weltregionen geben.

Das Problem der Casamance stellt eindeutig eine Herausforderung für den senegalesischen Staat dar. Bisher ist es ihm nicht im Ansatz gelungen, den Konflikt durch Diplomatie und Dialogfähigkeit oder durch Militärschläge zu lösen. „Ist dies ein Verweis auf das Ende des aktuellen senegalesischen Staates, der Vorbote auf den Niedergang des Staates, auf seinen Zerfall?"[606] Als Antwort darauf lässt sich eine bemerkenswerte Folgerung Maruts anführen: „Der Partikularismus ist für den Staat nur in dem Maße eine Bedrohung, wenn Forderungen und deren Formen von ihm nicht erkannt werden. Dies lässt bestimmte senegalesische Intellektuelle heute offen nach der Wirklichkeit und Legitimität des Staat-Nationen-Modell fragen, angesichts einer Repräsentation von Identitäten, in denen sich die jeweiligen Akteure wieder finden sollen [...]. Die Versuche, andere Identitäten auszuradieren, hat das Gefühl, Bürger der Casamance zu sein, nicht unterdrückt."[607] Da diese Versuche seitens der Regierung prinzipiell militärischen Charakter

---

[604] Hoffmann, Bruce: A.a.O. S. 228.

[605] Ebenda. S. 84. Dadurch sollen Guerillataktiken und terroristische Kampfelemente keinesfalls beschönigt oder legitimiert werden. Es geht lediglich um die Auswirkungen solcher Bewegungen.

[606] Cruise O'Brien: Le sens. S. 505.

[607] Marut: Question. S. 472.

bewiesen, hält sich auch Daases Handlungsanweisung in Grenzen, dass „es gute Gründe gibt für Staaten, sich bei einem Kleinkrieg an die Regeln zu halten und für substaatliche Akteure, auf Terrorismus zu verzichten"[608]. Wenn Guerillakrieg und Staatsinstabilisierung tatsächlich ein Ende finden sollen, wäre die offizielle Anerkennung der Andersartigkeit der Bürger in der Casamance ein *erster* Schritt zur Konfliktlösung und zur Wiederherstellung von *dauerhaft* organisierbarer Herrschaft im Sinne eines klassischen Staatswesens.

---

[608] Daase, Christopher: A.a.O. S. 264.

Literaturverzeichnis

Bücher

Amnesty International: Sénégal. La terreur en Casamance. Editions Francophones d'Amnesty International. Paris 1998.

Anderson, Benedict: Imagined Communities. Reflections on the origin and spread of nationalism. Revised and extended edition. London / New York 1991.

Anter, Andreas: Von der politischen Gemeinschaft zum Anstaltsstaat. Das Monopol der legitimen Gewaltsamkeit. In: Hanke, Edith / Mommsen, Wolfgang J.: Max Webers Herrschaftssoziologie. Studien zu Entstehung und Wirkung. Tübingen 2001. S. 121-139.

Arend, Wolfgang: Vietnam: Vom irregulären zum regulären Krieg. (Partisanenkriege des 20. Jahrhunderts). In: Münkler, Herfried: Der Partisan. Theorie, Strategie, Gestalt. Opladen 1990. S. 166-186.

Arnsprenger, Franz: Nationenbildung / Nation Building. In: Mabe, Jacob E. (Hrsg.): Das Kleine Afrika-Lexikon. Politik, Wirtschaft, Gesellschaft. Lizenzausgabe, Bundeszentrale für politische Bildung. Bonn 2003. S. 139-140.

Azzellini, Dario / Kanzleiter, Boris: Einleitung. Das Unternehmen Krieg. In: Azzellini, Dario / Kanzleiter, Boris (Hrsg.): Das Unternehmen Krieg. Paramilitärs, Warlords und Privatarmeen als Akteure der Neuen Kriegsordnung. Berlin 2003. S. 7-12.

Baechler, Günther: Hintergründe der Kriege und bewaffneten Konflikte in Afrika. In: Engel, Ulf / Mehler, Andreas (Hrsg.): Gewaltsame Konflikte und ihre Prävention in Afrika. Hintergründe, Analysen und Strategien für die entwicklungspolitische Praxis. Arbeiten aus dem Institut für Afrika-Kunde; 100. Hamburg 1999. S. 1-24.

Ball, Nicole: Wiederaufbau kriegszerrütteter Gesellschaften: Welchen Beitrag können externe Akteure leisten? In: Debiel, Tobias (Hrsg.): Der zerbrechliche Frieden. Krisenregionen zwischen Staatsversagen, Gewalt und Entwicklung. Stiftung Entwicklung und Frieden (SEF). Band 13. Bonn 2002. S. 66-97.

Barry, Aliou Mamadou: La prévention des conflits en Afrique de l'Ouest. Mythes ou réalités? Paris 1997.

Beck, Linda J.: Le clientélisme au Sénégal: Un adieu sans regrets? In: Diop, Momar-Coumba: Le Sénégal contemporain. Collection Hommes et Sociétés. Paris 2002. S. 529-549.

Biagui, Jean-Marie: Sénégal: Trois Manifestes pour la paix en Casamance. Paris 1994.

Boniface, Pascal: Les guerres de demain. Editions du Seuil. Paris 2001.

Bratton, Michael / Walle, Nicolas van de: Democratic Experiments in Africa. Regime Transitions in comparative perspective. Cambridge 1997.

Bredow, Wilfried von: Nation / Nationalstaat / Nationalismus. In: Nohlen, Dieter (Hrsg.): Wörterbuch Staat und Politik. München 1998. S. 453-457.

Buzan, Barry: People, states and fear. An agenda for international security studies in the post-cold war era. Harlow / London 1991.

Clausewitz, Carl: Vom Kriege. Hrsg. von Grassi, Ernesto / Hess, Walter. 11. Auflage. Reinbek bei Hamburg 2002.

Cochran, Charles L. / Malone, Eloise F.: Public Policy. Perspectives and choices. Second edition. Boston 1999.

Cruise O'Brien, Donal / Diouf, Mamadou: Introduction. La réussite politique du contrat social sénégalais. In: Cruise O'Brien, Donal / Diop, Momar-Coumba / Diouf, Mamadou: La construction de l'Etat au Sénégal. Collection Hommes et Sociétés. Paris 2002. S. 9-17.

Cruise, O'Brien, Donal: Le sens de l'Etat au Sénégal. In: Diop, Momar-Coumba: Le Sénégal contemporain. Collection Hommes et Sociétés. Paris 2002. S. 501-507.

Daase, Christopher: Kleine Kriege-Große Wirkung. Wie unkonventionelle Kriegsführung die internationale Politik verändert. Weltpolitik im 21. Jahrhundert. Band 2. Baden-Baden 1999.

Debiel, Tobias: Haben Krisenregionen eine Chance auf tragfähigen Frieden? Zur schwierigen Transformation von Gewaltstrukturen. In: Debiel, Tobias (Hrsg.): Der zerbrechliche Frieden. Krisenregionen zwischen Staatsversagen, Gewalt und Entwicklung. Stiftung Entwicklung und Frieden (SEF). Band 13. Bonn 2002. S. 20-66.

Debiel, Tobias: Kriege / Bürgerkriege. In: Mabe, Jacob E. (Hrsg.): Das Kleine Afrika-Lexikon. Politik, Wirtschaft, Gesellschaft. Lizenzausgabe, Bundeszentrale für politische Bildung. Bonn 2003. S. 104-108.

Debiel, Tobias: UN- Friedensoperationen in Afrika. Weltinnenpolitik und die Realität von Bürgerkriegen. Sonderband der Stiftung Entwicklung und Frieden (SEF). Bonn 2003.

Diop, Momar-Coumba: Le Sénégal et ses voisins. In: Cruise O'Brien, Donal / Diop, Momar-Coumba / Diouf, Mamadou: La construction de l'Etat au Sénégal. Collection Hommes et Sociétés. Paris 2002. S. 203-227.

Elwert, Georg: Gesellschaft / Gesellschaften. In: Mabe, Jacob E. (Hrsg.): Das Kleine Afrika-Lexikon. Politik, Wirtschaft, Gesellschaft. Lizenzausgabe, Bundeszentrale für politische Bildung. Bonn 2003. S. 70-72.

Esser, Josef: Staatstheorie. In: Nohlen, Dieter (Hrsg.): Wörterbuch Staat und Politik. München 1998. S. 733-743.

Etzrodt, Christian: Sozialwissenschaftliche Handlungstheorien. Eine Einführung. Konstanz 2003.

Fijalkowski, Jürgen: Bedingungen der Eskalation und Alternativen der Befriedung ethnischer Konflikte. Zum Problem der Rechtfertigung gewalttätig-militanten Verhaltens von und gegenüber ethnisch-kulturell heterogenen Gruppen in der Staatenordnung. In: Voigt, Rüdiger (Hrsg.): Krieg - Instrument der Politik? Bewaffnete Konflikte im Übergang vom 20. zum 21. Jahrhundert. Baden-Baden 2002. S. 161-192.

Foucher, Vincent: Les „évolués", la migration, l'école: pour une nouvelle interprétation de la naissance du nationalisme casamançais. In: Diop, Momar-Coumba: Le Sénégal contemporain. Collection Hommes et Sociétés. Paris 2002. S. 375-425.

Galtung, Johan: Strukturelle Gewalt. Beiträge zur Friedens- und Konfliktforschung. Hamburg 1975.

Gantzel, Klaus Jürgen: Krieg. In: Nohlen, Dieter (Hrsg.): Wörterbuch Staat und Politik. München 1998. S. 372-375.

Gasser, Geneviève: Manger ou s'en aller: que veulent les opposants armés casamançais? In: Diop, Momar-Coumba: Le Sénégal contemporain. Collection Hommes et Sociétés. Paris 2002. S. 459-501.

Gellar, Sheldon: Pluralisme ou jacobinisme: quelle démocratie pour le Sénégal? In: Diop, Momar-Coumba: Le Sénégal contemporain. Collection Hommes et Sociétés. Paris 2002. S. 507-528.

Gukenbiehl, Hermann L.: Herrschaft. In: Schäfers, Bernhard (Hrsg.): Grundbegriffe der Soziologie. 8. überarbeitete Auflage. Opladen 2003. S. 127-129.

Gukenbiehl, Hermann L. / Kopp, Johannes: Macht. In: Schäfers, Bernhard (Hrsg.): Grundbegriffe der Soziologie. 8. überarbeitete Auflage. Opladen 2003. S. 210-211.

Hahlweg, Werner: Guerilla. Krieg ohne Fronten. Stuttgart 1968.

Heydte, Friedrich A. Frhr. von der: Der moderne Kleinkrieg als wehrpolitisches und militärisches Phänomen. Band 3. Schriftenreihe des Instituts für Wehrrecht der Universität Würzburg. Würzburg 1972.

Hoffmann, Bruce: Terrorismus. Der unerklärte Krieg. Neue Gefahren politischer Gewalt. Frankfurt a. M. 2001.

Illy, Hans F.: Öffentliche Verwaltung. In: Mabe, Jacob E. (Hrsg.): Das Kleine Afrika-Lexikon. Politik, Wirtschaft, Gesellschaft. Lizenzausgabe, Bundeszentrale für politische Bildung. Bonn 2003. S. 148-151.

Jean, François / Rufin, Jean-Christophe: Vorwort. In: Jean, François / Rufin, Jean- Christophe (Hrsg.): Ökonomie der Bürgerkriege. Hamburg 1999. S. 7-15.

Jellinek, Georg: Allgemeine Staatslehre. 3. Auflage. Bad Homburg 1960.

Jung, Dietrich / Schlichte, Klaus / Siegelberg, Jens: Kriege in der Weltgesellschaft. Strukturgeschichtliche Erklärung kriegerischer Gewalt (1945-2002). 1. Auflage. Wiesbaden 2003.

Kaldor, Mary: Neue und alte Kriege. Organisierte Gewalt im Zeitalter der Globalisierung. 1. Auflage. Frankfurt a. M. 2000.

Klein, Martina / Schubert, Klaus: Das Politiklexikon. Bonn 1997.

Kopp, Pierre: Embargo und wirtschaftliche Kriminalisierung. In: Jean, François / Rufin, Jean-Christophe (Hrsg.): Ökonomie der Bürgerkriege. Hamburg 1999. S. 347-379.

Labrousse, Alain: Territorien und Netzwerke: Das Drogengeschäft. In: Jean, François / Rufin, Jean-Christophe (Hrsg.): Ökonomie der Bürgerkriege. Hamburg 1999. S. 379-401.

Leggewie, Claus: Herrschaft. In: Nohlen, Dieter (Hrsg.): Wörterbuch Staat und Politik. München 1998. S. 251-259.

Lentz, Carola: Ethnizität. In: Mabe, Jacob E. (Hrsg.): Das Kleine Afrika-Lexikon. Politik, Wirtschaft, Gesellschaft. Lizenzausgabe, Bundeszentrale für politische Bildung. Bonn 2003. S. 51-55.

Maluschke, Günther: Macht / Machttheorien. In: Nohlen, Dieter (Hrsg.): Wörterbuch Staat und Politik. München 1998. S. 399-403.

Marut, Jean-Claude: La Question de Casamance (Sénégal). Une analyse géopolitique. Thèse de Doctorat de Géopolitique. Université Paris 8. Formation Doctorale Géopolitique. Saint-Denis 1999.

Marut, Jean-Claude: Le problème casamançais est-il soluble dans l'Etat-nation? In: Diop, Momar-Coumba: Le Sénégal contemporain. Collection Hommes et Sociétés. Paris 2002. S. 425-459.

Mao- Tse-tung: Theorie des Guerillakrieges. Oder Strategie der Dritten Welt. Einleitender Essay von Sebastian Haffner. Dt. Erstausgabe. Reinbek bei Hamburg 1966.

Mehler, Andreas: Die nachkolonialen Staaten Schwarzafrikas zwischen Legitimität und Repression. Beiträge zur Politikwissenschaft. Band 42. Frankfurt a. M. 1990.

Meyers, Reinhard: Begriff und Probleme des Friedens. Grundwissen Politik 11. Opladen 1994.

Meyers, Reinhard: Grundbegriffe und theoretische Perspektiven der Internationalen Beziehungen. In: Grundwissen Politik. Schriftenreihe Band 345. Bundeszentrale für politische Bildung. Bonn 1997. S. 313-435.

Meyns, Peter: Rebellenbewegungen. In: Mabe, Jacob E. (Hrsg.): Das Kleine Afrika-Lexikon. Politik, Wirtschaft, Gesellschaft. Lizenzausgabe, Bundeszentrale für politische Bildung. Bonn 2003. S. 159-161.

Meyns, Peter: Neopatrimonialismus. In: Mabe, Jacob E. (Hrsg.): Das Kleine Afrika-Lexikon. Politik, Wirtschaft, Gesellschaft. Lizenzausgabe, Bundeszentrale für politische Bildung. Bonn 2003. S. 140-141.

Münkler, Herfried: Die neuen Kriege. Reinbek bei Hamburg 2003.

Münkler, Herfried: Einleitung. Die Gestalt des Partisanen. Herkunft und Zukunft. In: Münkler, Herfried (Hrsg.): Der Partisan. Theorie, Strategie, Gestalt. Opladen 1990. S. 14-42.

Mutschler, Alexander: Eine Frage der Herrschaft. Betrachtungen zum Problem des Staatszerfalls in Afrika am Beispiel Äthiopiens und Somalias. Fragen politischer Ordnung in einer globalisierten Welt. Band 1. Münster 2002.

Osterhammel, Jürgen: Kolonialismus. Geschichte. Formen. Folgen. München 2001.

Pfetsch, Frank R.: Globale Wandlungen im Konflikt- und Kriegsgeschehen. War das 20. Jahrhundert ein kriegerisches? In: Voigt, Rüdiger (Hrsg.): Krieg - Instrument der Politik? Bewaffnete Konflikte im Übergang vom 20. zum 21. Jahrhundert. Baden-Baden 2002. S. 223-239.

Popper, Karl R.: Logik der Forschung. Nachdruck der 10. Auflage, Jubiläumsausgabe. Tübingen 2002.

Rufin, Jean-Christophe: Kriegswirtschaft in internen Konflikten. In: Jean, François / Rufin, Jean-Christophe (Hrsg.): Ökonomie der Bürgerkriege. Hamburg 1999. S. 15-47.

Sauer, Ernst F.: Staatsphilosophie. Berlin 1965.

Schieder, Siegfried: Neuer Liberalismus. In: Schieder, Siegfried / Spindler, Manuela (Hrsg.): Theorien der Internationalen Beziehungen. Opladen 2003. S. 169-199.

Schlichte, Klaus: Krieg und Vergesellschaftung in Afrika. Ein Beitrag zur Theorie des Krieges. Kriege und militante Konflikte. Band 7. Münster 1996.

Schmitt, Carl: Theorie des Partisanen. Zwischenbemerkung zum Begriff des Politischen. Berlin 1963.

Schneckener, Ulrich: Auswege aus dem Bürgerkrieg. Modelle zur Regulierung ethno-nationalistischer Konflikte in Europa. 1. Auflage. Frankfurt a. M. 2002.

Schoch, Bruno: Friedensstrategien. In: Woyke, Wichard (Hrsg.): Krieg und Frieden. Einführung Politik. Reihe Uni Studien Politik. Schwalbach / Ts. 2002. S. 60-70.

Seibert, Thomas: Die neue Kriegsordnung. Der globale Kapitalismus und seine barbarisierte Rückseite. In: Azzellini, Dario / Kanzleiter, Boris (Hrsg.): Einleitung. Das Unternehmen Krieg. Paramilitärs, Warlords und Privatarmeen als Akteure der Neuen Kriegsordnung. Berlin 2003. S. 13-28.

Seidelmann, Reimund: Souveränität. In: Nohlen, Dieter (Hrsg.): Wörterbuch Staat und Politik. München 1998. S. 675-676.

Sippel, Harald / Wanitzek, Ulrike: Recht. In: Mabe, Jacob E. (Hrsg.): Das Kleine Afrika-Lexikon. Politik, Wirtschaft, Gesellschaft. Lizenzausgabe, Bundeszentrale für politische Bildung. Bonn 2003. S. 161-165.

Smith, Dan: Atlas des guerres et des conflits dans le monde. Peuples, puissances militaires, espoirs de paix. Nouvelle Edition. Paris 2003.

Sofsky, Wolfgang: Zeiten des Schreckens. Amok, Terror, Krieg. Frankfurt a. M. 2002.

Tetzlaff, Rainer: Nachkolonialer Staat. In: Mabe, Jacob E. (Hrsg.): Das Kleine Afrika-Lexikon. Politik, Wirtschaft, Gesellschaft. Lizenzausgabe, Bundeszentrale für politische Bildung. Bonn 2003. S. 133-137.

Tetzlaff, Rainer: Ethnische Konflikte. In: Mabe, Jacob E. (Hrsg.): Das Kleine Afrika-Lexikon. Politik, Wirtschaft, Gesellschaft. Lizenzausgabe, Bundeszentrale für politische Bildung. Bonn 2003. S. 50-51.

Tetzlaff, Rainer: Die Dekolonisation und das neue Staatensystem. In: Kaiser, Karl / Schwarz, Hans-Peter (Hrsg.): Weltpolitik im neuen Jahrhundert. Bundeszentrale für politische Bildung. Band 364. Bonn 2000. S. 40-72.

Tibi, Bassam: Krieg der Zivilisationen. Politik und Religion zwischen Vernunft und Fundamentalismus. 3. aktualisierte Auflage. München 2001.

Tibi, Bassam: Die neue Weltunordnung. Westliche Dominanz und islamischer Fundamentalismus. 3. aktualisierte Auflage. München 2001.

Voigt, Rüdiger: Entgrenzung des Krieges. Zur Raum- und Zeitdimension von Krieg und Frieden. In: Voigt, Rüdiger (Hrsg.): Krieg - Instrument der Politik? Bewaffnete Konflikte im Übergang vom 20. zum 21. Jahrhundert. Baden-Baden 2002. S. 293-341.

Weber, Max: Wirtschaft und Gesellschaft. Grundriss der verstehenden Soziologie. Hrsg. von Johannes Winckelmann. 4. Auflage. 1. Halbband. Tübingen 1956.

Weber, Max: Wirtschaft und Gesellschaft. Grundriss der verstehenden Soziologie. Tübingen 1985.

Weber, Max: Staatssoziologie. Soziologie der rationalen Staatsanstalt und der modernen politischen Parteien und Parlamente. Hrsg. von Johannes Winckelmann. 2. Auflage. Berlin 1966.

Zartman, William I.: Introduction: Posing the problem of state collapse. In: Zartman, William I.: Collapsed States. The disintegration and restoration of legitimate authority. SAIS African Studies Library. Colorado 1995. S. 1-15.

Zippelius, Reinhold: Allgemeine Staatslehre. Juristische Kurz-Lehrbücher. Politikwissenschaft. 14. Auflage. München 2003.

Gesetzestexte

Senegalesische Verfassung, in der Fassung vom 07.01.2001 (einschließlich Präambel). [http://www.gouv.sn/textes/constitution.html]

Berichte / Zeitschriften / Zeitungsartikel

Conesa, Pierre (Hoher Beamter a. D., Berater des Präsidenten der „Compagnie européenne d'intelligence stratégique" (CEIS)): Neue US-Strategie für asymmetrische Kriege. Die Ohnmacht der Sieger. In: Le Monde Diplomatique. Die Tageszeitung. Beilage der Tageszeitung vom 16.01.2004. S. 8.

Conseil des Organisations non Gouvernementales d'Appui au Développement (Congad): 20 ans de conflit en Casamance. Les Cahiers du Congad. Revue semestrielle. Nr. 2 juin 2002. Dakar 2002.

Debiel, Tobias: Staatsversagen, Gewaltstrukturen und blockierte Entwicklung: Haben Krisenländer noch eine Chance? In: Das Parlament. Aus Politik und Zeitgeschichte. 24.03.2003. B 13-14 / 2003. S. 15-23.

Diamacoune Senghor, l'Abbé Augustin: Postface. (Conférence par Diamacoune Senghor, le 23-08-1980 à la Chambre de Commerce de Dakar). In: Biagui, Jean-Marie: Sénégal: Trois Manifestes pour la paix en Casamance. Paris 1994. S. 142-148.

Le Palmier: Casamance Libre. Le bimestriel de la CELIC (Coordination Extérieure de Lutte pour l'indépendance de la Casamance). Nr. 3. November / Dezember 1999.

MFDC, Le Secrétariat Général: Lettre ouverte aux «cadres» de Casamance. Ziguinchor, le 30-08-1993. In: Biagui, Jean-Marie: Sénégal: Trois Manifestes. Pour la Paix en Casamance. Paris 1994. S. 102-108.

Richter, Nicolas: Bombenanschläge in Madrid. Mörderische Verzweiflung. In: Süddeutsche Zeitung (SZ). 60. Jahrgang. Nr. 60 vom 12.03.2004. S. 2.

Schäuble, Wolfgang: Außenansicht. Die neue Balance der Abschreckung. In: Süddeutsche Zeitung (SZ). 60. Jahrgang. Nr. 4 vom 07.01.2004. S. 2.

Internetquellen

a) Wissenschaftliche Quellen

Arbeitsgemeinschaft Kriegsursachenforschung (AKUF): Aktuelle Kriege und bewaffnete Konflikte. Das Kriegsgeschehen 2002 im Überblick. Universität Hamburg. [http://www.sozialwiss.uni-hamburg.de/publish/Ipw/Akuf/kriege_aktuell.htm]. 01.12.2003.

Auswärtiges Amt (AA): Außenpolitische Strategie für Westafrika. Referat 303. [http://www.auswaertiges-amt.de/www/de/infoservice/download/pdf/afrika/ westafrika.pdf]. Mai 2002. 22.01.2004.

Boekle, Henning / Rittberger, Volker / Wagner, Wolfgang (Center for International Relations / Peace and Conflict Studies, Institut für Politikwissenschaft, Tübingen): Norms and Foreign Policy. Constructivist Foreign Policy Theory. Nr. 34 a. Arbeitspapiere zur Internationalen Politik und Friedensforschung. Tübingen 1999. [http://w210.ub.uni-tuebingen.de/dbt/volltexte/2000/141/pdf/tap34.pdf]. 01.02.2004.

Bolling, Michael: Zur Ökonomie des Krieges. Die Gewalt und die Geschäfte der afrikanischen Warlords. Frankfurter Rundschau. 09.01.2001. [http://www.uni-kassel.de/fb10/frieden/themen/Privatkriege/kriegsherren]. 02.12.2003.

Chojnacki, Sven: Anarchie und Ordnung. Stabilitätsrisiken und Wandel internationaler Ordnung durch innerstaatliche Gewalt und Staatenzerfall. Konferenz Internationale Risikopolitik 24.-25.11.2000. Wissenschaftszentrum Berlin. [http://www.wz-berlin.de/~svencho/pdf/risiko-2000.pdf]. 10.12.2003.

Ehrke, Michael: Zur politischen Ökonomie post-nationalstaatlicher Konflikte. Literaturbericht der Friedrich-Ebert-Stiftung. Internationale Politikanalyse. Bonn 2002. [http://library.fes.de/fulltext//id/01184.htm]. 02.12.2003.

Gantzel, Klaus Jürgen: Neue Kriege? Neue Kämpfer? In: Forschungsstelle Kriege, Rüstung und Entwicklung, Universität Hamburg, Institut für Politische Wissenschaft: Arbeitspapier Nr. 2 / 2002. Vortrag am 30.05.2002 in der Reihe „Die Welt nach dem 11. September", Universität Hamburg. [http://www.sozialwiss.uni-hamburg.de/publish/Ipw/Akuf/publ/ap2-02.pdf]. 07.12.2003.

Gierczynski- Bocandé, Ute: Regierung Senegals gerät nach Schiffskatastrophe ins Wanken. 07.10.2002. Konrad-Adenauer-Stiftung. [http://www.kas.de/publikationen/2002/897_dokument.html]. 2.12.2003.

Institut für Friedenspädagogik e.V.: Internationale Konflikte. Panorama der Konflikte - Materialien. Kriege und Konflikte 2001. [http://www.bpb.de/files/DESK6K.pdf]. 30.01.2004.

Lentze, Matthias: Senegal (Basse-Casamance). Krieg. AKUF. [http://www.sozialwiss.uni-hamburg.de/publish/Ipw/Akuf/kriege/191_senegal_print.htm]. Juli 2003. 22.12.2003.

Marut, Jean-Claude (Centre d'Etude d'Afrique Noire, (CEAN), Institut d'Etudes Politiques, Pessac Cedex, Bordeaux): Les particularismes au risque de l'islam dans le conflit casamançais. Afrique politique 2002. [http://www.cean.u-bordeaux.fr/pubcean/particularismes.pdf / http://www.cean.u-bordeaux.fr/pubcean/marut.html]. 21.01.2004.

Müller, Harald (Hessische Stiftung Friedens- und Konfliktforschung, HSFK): Der Mythos vom Kampf der Kulturen. Eine Kritik an Huntingtons kulturalistischer Globaltheorie. [http://www.dse.de/zeitschr/ez1098-4.htm]. November 1998. 05.11.2003.

Ohlson, Thomas / Söderberg, Mimmi: From intra-state war to democratic peace in weak states. Uppsala Peace Research Papers No. 5. Department of Peace and Conflict Research. Uppsala University. [http://www.pcr.uu.se/publications/UPRP_pdf/UPRP_No_5.pdf]. 2002. 17.11.2003.

Ohne Verfasser (O.V.): Staatsphilosophie. Definitionsversuche von „Staat" aus dem 20. Jahrhundert. Gliederungsschema staatsphilosophischer Theorienansätze. [http://www.gottwein.de/Eth/Staat01.htm]. März 2003. 19.11.2003.

Oppenheimer, Franz: Der Staat. Vorwort. Die Staatstheorien. 3. überarbeitete Auflage von 1929. Berlin 1990. [http://www.opp.uni-wuppertal.de/oppenheimer/st/staat0.htm]. 23.11.2003.

Reno, William: Welthandel, Warlords und die Wiedererfindung des afrikanischen Staates. Welt Trends Heft 14. Bonn 1997. [http://www.bpb.de/files/D64RWG.pdf]. 04.12.2003.

b) Nichtwissenschaftliche Quellen

Senegalesische Berichterstattung

Diawara, Alassane: Mort du fondateur de l'aile militaire du MFDC: La branche armée perd son chef historique. Le Soleil, 27.05.2003. [http://www.lesoleil.sn/recherche/article.CFM?article_id=27334&article_edition=9894]. 18.12.2003.

Mané, Mamadou Pape: Economique. Lutte contre le chômage à Ziguinchor. Walfadjri, Nr. 8542, 09.10.2003. [http://www.walf.sn/economique/suite.php?rub=3&id_art=4638]. 22.12.2003.

Sané Bachir, Babacar: Assises du MFDC à Ziguinchor: Les responsables du MFDC plaident pour la paix. Le Soleil, 07.10.2003. [http://www.lesoleil.sn/recherche/article.CFM?article_id=31127&article_edition=10005]. 21.01.2004.

Senegalaisement: Casamance: Mines anti-personnel, insécurité et mafia. Mise en garde. 12.12.2003. [http://www.senegalaisement.com/senegal/independance_casamance.html]. 26.12.2003.

Seye, Abdoulaye: MFDC: Jean Marie François Biagui reste secrétaire général. Le Soleil. 27.11.2003. [http://www.lesoleil.sn/recherche/article.CFM?article_id=32487&article_edition=10046]. 18.12.2003.

Französische Berichterstattung

Agence France Presse (AFP): Sénégal. L'abbé Diamacoune, figure emblématique du séparatisme casamançais. Ziguinchor 19.12.2003. [http://isenegal.free.fr/casamance09.htm]. 26.12.2003.

Agence France Presse (AFP): Sénégal. Des combattants casamançais demandent des comptes à l'Abbé Diamacoune. Ziguinchor 22.12.2003. [http://isenegal.free.fr/casamance/13.htm]. 26.12.2003.

Marut, Jean- Claude: Résistances de la société civile. Ligne dure face à la Casamance. Le Monde Diplomatique. Oktober 1998. [http://www.monde-diplomatique.fr/1998/10/Marut/11136]. 26.12.2003.

Sonstige Beiträge

Collectif des Cadres Casamançais (CCC), Cissé, B. Mady (Président) / Sagna, Alphonse / Baldé, Oumar: Journées de réflexions (Dakar, 23.-24.03.2002). Rapport de la Commission Nr.1 sur les aspects politiques et institutionnels. [http://www.ccc.atepa.com/ccc%20rapport%20commission%201.pdf]. 26.12.2003.

Jeunesse Internationale et Indépendante de Casamance (J.I.C.): La Casamance. März 1999. [http://members.tripod.com/casamance/premiere.htm]. 09.01.2003.

Nollez-Goldbach, Raphaëlle: La Casamance ensanglantée. Violences. 28.03.2002. [http://www.afrik.com/articles4221.html]. 23.12.2003.

Radio Afrika International: Casamance - Une guerre civile oubliée. A la loupe du 10 janvier 03. [http://www.radioafrika.net]. 10.12.2003.

Reportage Casamance: Entre guerre et paix. Le Courier ACP-UE. Nr. 196. Januar / Februar 2003. [http://europa.eu.int/comm/development/body/publications/courier/courier196/fr077.pdf]. 22.12.2003.

Anhang

1) **Liste der Gesprächspartner (Interviews)**

2) **Le poids de la France en Afrique subsaharienne: Monnaie, langue, défense**
   Aus: Marut, Jean-Claude: La Question de Casamance (Sénégal). Une analyse géopolitique. Thèse de Doctorat de Géopolitique. Université Paris 8. Saint-Denis 1999. S. 446.

3) **Charakteristika kriegszerrütteter Länder**

   (Auszüge und Ergänzungen)
   Aus: Ball, Nicole: Wiederaufbau kriegszerrütteter Gesellschaften: Welchen Beitrag können externe Akteure leisten? In: Debiel, Tobias (Hrsg.): Der zerbrechliche Frieden. Krisenregionen zwischen Staatsversagen, Gewalt und Entwicklung. Eine Welt. Texte der SEF. Band 13. Bonn 2002. S. 74 f.

4) **Kriege und bewaffnete Konflikte in Afrika 2002** (Übersicht)
   Aus: AKUF, Universität Hamburg.
   http://www.sozialwiss.uni-hamburg.de/publish/Ipw/Akuf/Kriege_afrika.htm.

5) **L'Afrique de l'Ouest. La dette ou la santé?**
   Aus: Smith, Dan: Atlas des guerres et des conflits dans le monde. Peuples, puissances militaires, espoirs de paix. Nouvelle Edition. Paris 2003. S. 89.

6) **Kartenmaterial**
   a) Senegal und seine Nachbarstaaten
   Aus: http://www.mygeo.info/landkarten_afrika_sen.html
   b) Gesamtgebiet der Casamance
   Aus: http://www.saint-louisdusenegal.com/carte-casamance.htm
   c) Basse-Casamance
   Aus: http://www.senegal-online.com/francais/cartographie/casamance.htm

7) **Senegalesische Verfassung** (Auszüge)
   Aus: http://www.gouv.sn/textes/constitution.html

8) **Nationalismus in der Casamance**
   a) Nationalhymne.
   Aus: http://members.tripod.com/casamance/premiere.htm

b) Augustin Diamacoune Senghor:
(Zitat): Aus: Marut, Jean-Claude: La Question de Casamance
(Sénégal). Une analyse géopolitique. Thèse de Doctorat de
Géopolitique. Université Paris 8. Saint-Denis 1999. S. 32.
(Ansprache): Aus: Augustin Diamacoune Senghor: Postface. In:
Biagui, Jean-Marie F.: Sénégal. Trois Manifestes pour la paix en
Casamance. Paris 1994. S. 142-147.

9) **Les Wolof au Sénégal** (en 1988)
Aus: Marut, Jean-Claude: La Question de Casamance (Sénégal).
Une analyse géopolitique. Thèse de Doctorat de Géopolitique.
Université Paris 8. Saint-Denis 1999. S. 254 f.
a) dans la population
b) dans l'espace
c) la Wolofisation par la langue au Sénégal

10) **Les risques d'éclatement du Sénégal**
Aus: Marut, Jean-Claude: La Question de Casamance (Sénégal).
Une analyse géopolitique. Thèse de Doctorat de Géopolitique.
Université Paris 8. Saint-Denis 1999. S. 15.

11) **La déstabilisation de la sous-région**
Aus: Marut, Jean-Claude: La Question de Casamance (Sénégal).
Une analyse géopolitique. Thèse de Doctorat de Géopolitique.
Université Paris 8. Saint-Denis 1999. S. 150.

12) **Le risque d'une sécession casamançaise**
Aus: Marut, Jean-Claude: La Question de Casamance (Sénégal).
Une analyse géopolitique. Thèse de Doctorat de Géopolitique.
Université Paris 8. Saint-Denis 1999. S. 16.
a) la République du Sénégal
b) la Casamance indépendante: Le projet du MFDC

13) **Les lieux de la question de la Casamance**
Aus: Marut, Jean-Claude: La Question de Casamance (Sénégal).
Une analyse géopolitique. Thèse de Doctorat de Géopolitique.
Université Paris 8. Saint-Denis 1999. S. 22.

14) **Culture de Cannabis et conflit casamançais**
Aus: Marut, Jean-Claude: La Question de Casamance (Sénégal).
Une analyse géopolitique. Thèse de Doctorat de Géopolitique.
Université Paris 8. Saint-Denis 1999. S. 283.

1) Liste der Gesprächspartner (Interviews)[*]

Am 17. / 18.08.2002 mit Maître Boukounta Diallo, Rechtsanwalt („Avocat à la Cour"). 5, Place de l'Indépendance, Immeuble Air Afrique, Dakar, Senegal.

Am 19.08.2002 mit Ndéye Rosalie Lô und Paul Takow, (Regionales Informationsbüro), Oxfam America. Regional Office for West Africa, Rue 3 x D, Point E, Dakar, Senegal.

Am 20.08.2002 mit Nelly Robin, zuständig für die wissenschaftliche Recherche des „IRD-OIM" („Institut de Recherche pour le Développement" - „Organisation Internationale pour les Migrations"). Regionalbüro für Westafrika, Rue 5 x J Point E, Dakar, Senegal.

Am 21.08.2002 mit Serafim Ianga, Mitarbeiter der Botschaft für Guinea-Bissau, („chargé de Mission"). Point E, Dakar, Senegal.

Am 21.08.2002 mit Boubacar Seck, Congad, Öffentlichkeitsarbeit. Sicap Amitié I, Villa 3089, Dakar, Senegal.

Am 22.08.2002 mit Colonel Abdoulaye Fall, Gouverneur, („Militaire du Palais de la République"). Gendarmerie Nationale, Avenue Léopold S. Senghor, Dakar, Senegal.

Am 23.08. 2002 mit den Handelsfrauen des Marktes „Elisabeth Diouf" am Hafen von Dakar, („Collectif des organisations de la société civile pour une liaison maritime efficiente entre Dakar et Ziguinchor"). Pressekonferenz, Dakar, Senegal.

Am 23.08.2002 / 04.09.2002 mit Felix Mathieu François Gomis, ANAFA („Assistance Nationale pour la Formation des Adultes"), Journalist. Hafen von Dakar / Sicap Amitié II, Dakar, Senegal.

---

[*] Diese Liste umfasst alle diejenigen Gesprächspartner, die im Rahmen eines 2,5-monatigen Praktikums in der lokalen Menschenrechtsorganisation „Raddho" in Dakar (Senegal) von Juli bis September 2002 mit dem Ziel einer detaillierten Recherche über den Casamance-Konflikt befragt wurden.

2) Le poids de la France en Afrique subsaharienne: Monnaie, langue, défense (Die Macht Frankreichs im subsaharischen Afrika: Währung, Sprache, Verteidigung)

(Situation 1997)

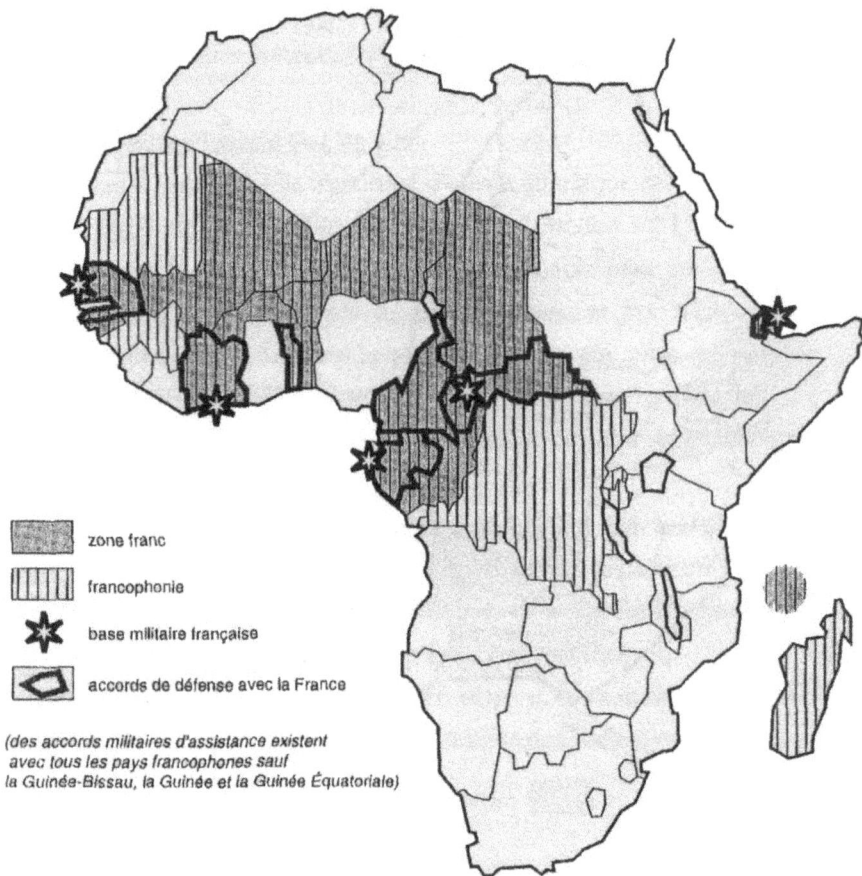

zone franc

francophonie

base militaire française

accords de défense avec la France

(des accords militaires d'assistance existent
avec tous les pays francophones sauf
la Guinée-Bissau, la Guinée et la Guinée Équatoriale)

3) Charakteristika kriegszerrütteter Länder

(Auszüge und Ergänzungen)

Politische Institutionen

- fehlende / defizitäre Legitimität der Regierung
- ‚schwacher Staat': Grundlegende Staatsfunktionen werden nicht oder nur unzureichend erfüllt
- der Zentralisierungsgrad ist sehr hoch und unantastbar
- Partizipation aller Bevölkerungsgruppen nicht erfüllt (Klientel- und Marginalisierungspolitik, Desintegration)
- mangelndes Vertrauen in und starke Enttäuschung über politische Führer und Amtsinhaber (Repräsentanten)
- schwach ausgebildete politische Parteienlandschaft
- das Konzept der loyalen Opposition ist auf Grund einer fehlenden demokratischen Kultur kaum verankert
- eine reine Machtpolitik dominiert
- Dissens über die nationale Entwicklung: „Polarisierte Gesellschaft"
- Konfliktregelungsmechanismen kaum vorhanden
- zivilgesellschaftliche Basis nicht oder nur schwach ausgebildet (Demokratiedefizite hinsichtlich einer politischen Kultur)

Sicherheitssektor

- zu mächtige staatliche Sicherheitskräfte, die es quantitativ zu verringern gilt; militarisierte Oppositionskräfte und paramilitärische Akteure, die zu entwaffnen, entmachten und aufzulösen sind
- bewaffnete Kräfte kontrollieren noch immer Aufgaben der inneren Sicherheit und sorgen für „Ordnung" (Militärmacht)
- unzureichend ausgeprägtes Rechtsbewusstsein der Sicherheits- und Polizeikräfte gegenüber demokratisch gewählten zivilen Verwaltungen, Sicherheitskräfte sind nur schwer kontrollierbar
- unzureichende Mechanismen für Sicherheitsbedürfnisse
- geringes Sicherheitsmaß für Bürger durch Kleinwaffennutzung und -handel, höhere Kriminalitätsrate und „Kultur der Straflosigkeit"
- Sicherheitskräfte nicht unabhängig von Politik und Wirtschaft
- fehlende Regelungsinstrumente für regionale und subregionale Konfliktkonstellationen

Wirtschaft und Gesellschaft

- immense Schäden in der wirtschaftlichen und sozialen Infrastruktur
- Ungleichheit und Ungerechtigkeit hinsichtlich der Verteilung von Einkommen, Gütern, Vermögen (Wohlstandsgefälle)
- hohe Sicherheitsausgaben im Vergleich zu Ausgaben im Bereich Bildung oder Gesundheit
- „widerstreitende Ansprüche auf Land und Vermögen" (verbunden mit fehlenden oder falschen Besitztiteln)
- schlechte Indikatoren menschlicher (gesellschaftlicher sowie nationaler) Wohlfahrt und Entwicklung (Bildung, Gesundheit, etc.)
- Korruption und Vetternwirtschaft
- Kriegsschädigung großer Teile der Bevölkerung
- Auflösung des Gemeinwesens (Auseinanderbrechen von Gemeinschaften, Familiennetzwerken und anderen zwischenmenschlichen Beziehungen, Etablierung und Manifestierung einer Gewalt- und Hasskultur, die Erwartungsverlässlichkeit und Vertrauen untergräbt sowie ein harmonisches Zusammenleben unmöglich macht)

4) **Kriege und bewaffnete Konflikte in Afrika 2002** (Übersicht)

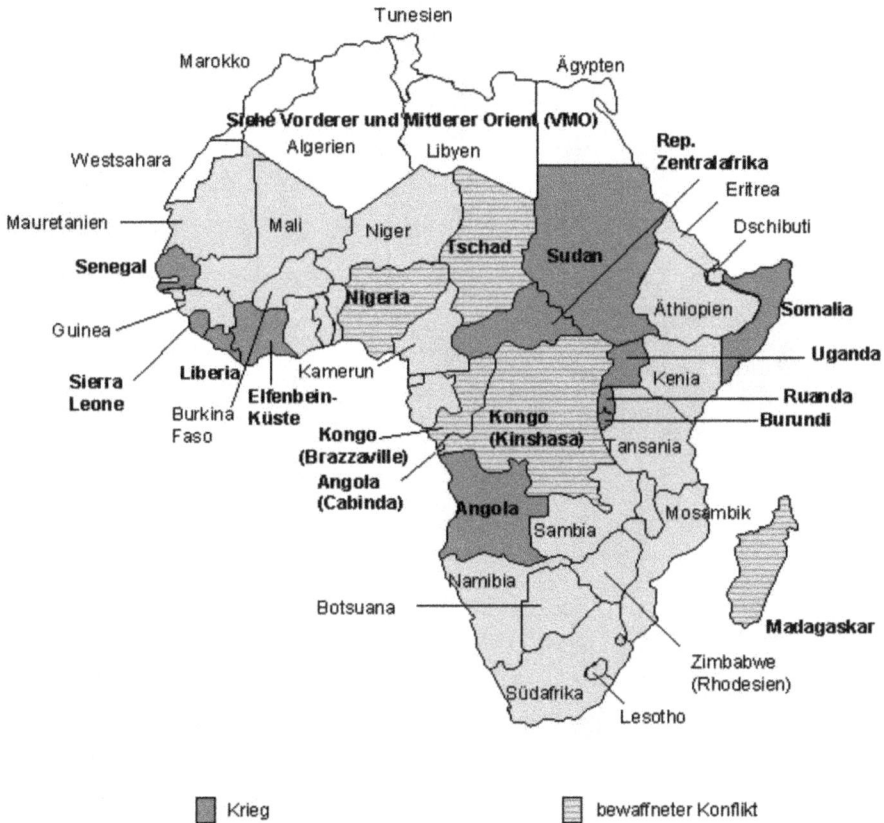

Tunesien

Marokko

Ägypten

Siehe Vorderer und Mittlerer Orient (VMO)

Westsahara

Algerien

Libyen

Rep. Zentralafrika

Eritrea

Mauretanien

Mali

Niger

Dschibuti

Senegal

Tschad

Sudan

Nigeria

Guinea

Äthiopien

Somalia

Uganda

Sierra Leone

Liberia

Kamerun

Kenia

Ruanda

Burkina Faso

Elfenbein-Küste

Kongo (Kinshasa)

Burundi

Kongo (Brazzaville)

Tansania

Angola (Cabinda)

Angola

Mosambik

Sambia

Namibia

Botsuana

Madagaskar

Zimbabwe (Rhodesien)

Südafrika

Lesotho

Krieg

bewaffneter Konflikt

5) L'Afrique de l'Ouest (Westafrika)

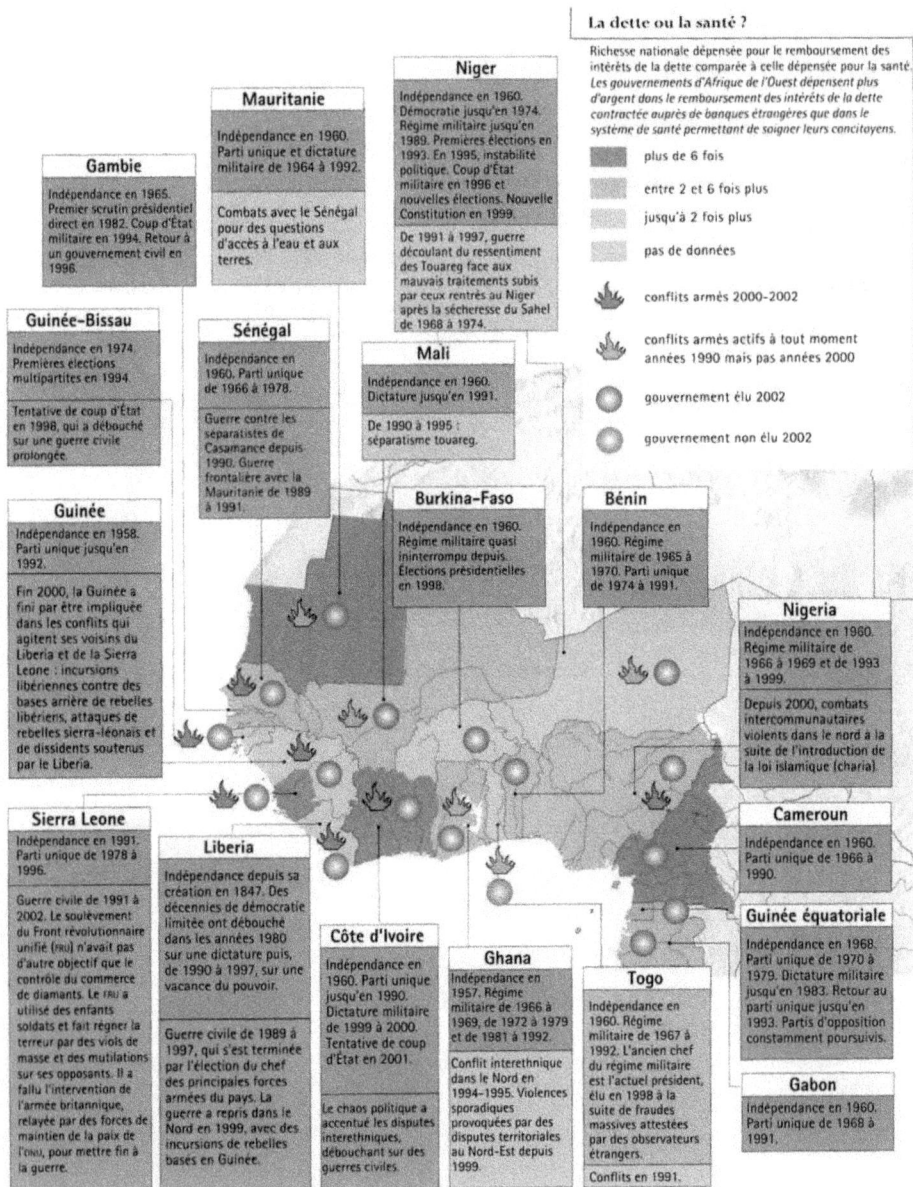

La dette ou la santé ?

Richesse nationale dépensée pour le remboursement des intérêts de la dette comparée à celle dépensée pour la santé. Les gouvernements d'Afrique de l'Ouest dépensent plus d'argent dans le remboursement des intérêts de la dette contractée auprès de banques étrangères que dans le système de santé permettant de soigner leurs concitoyens.

- plus de 6 fois
- entre 2 et 6 fois plus
- jusqu'à 2 fois plus
- pas de données
- conflits armés 2000-2002
- conflits armés actifs à tout moment années 1990 mais pas années 2000
- gouvernement élu 2002
- gouvernement non élu 2002

Gambie
Indépendance en 1965. Premier scrutin présidentiel direct en 1982. Coup d'État militaire en 1994. Retour à un gouvernement civil en 1996.

Mauritanie
Indépendance en 1960. Parti unique et dictature militaire de 1964 à 1992.

Combats avec le Sénégal pour des questions d'accès à l'eau et aux terres.

Niger
Indépendance en 1960. Démocratie jusqu'en 1974. Régime militaire jusqu'en 1989. Premières élections en 1993. En 1995, instabilité politique. Coup d'État militaire en 1996 et nouvelles élections. Nouvelle Constitution en 1999.

De 1991 à 1997, guerre découlant du ressentiment des Touareg face aux mauvais traitements subis par ceux rentrés au Niger après la sécheresse du Sahel de 1968 à 1974.

Guinée-Bissau
Indépendance en 1974. Premières élections multipartites en 1994.

Tentative de coup d'État en 1998, qui a débouché sur une guerre civile prolongée.

Sénégal
Indépendance en 1960. Parti unique de 1966 à 1978.

Guerre contre les séparatistes de Casamance depuis 1990. Guerre frontalière avec la Mauritanie de 1989 à 1991.

Mali
Indépendance en 1960. Dictature jusqu'en 1991.

De 1990 à 1995 : séparatisme touareg.

Guinée
Indépendance en 1958. Parti unique jusqu'en 1992.

Fin 2000, la Guinée a fini par être impliquée dans les conflits qui agitent ses voisins du Liberia et de la Sierra Leone : incursions libériennes contre des bases arrière de rebelles libériens, attaques de rebelles sierra-léonais et de dissidents soutenus par le Liberia.

Burkina-Faso
Indépendance en 1960. Régime militaire quasi ininterrompu depuis. Élections présidentielles en 1998.

Bénin
Indépendance en 1960. Régime militaire de 1965 à 1970. Parti unique de 1974 à 1991.

Nigeria
Indépendance en 1960. Régime militaire de 1966 à 1969 et de 1993 à 1999.

Depuis 2000, combats intercommunautaires violents dans le nord à la suite de l'introduction de la loi islamique (charia).

Sierra Leone
Indépendance en 1991. Parti unique de 1978 à 1996.

Guerre civile de 1991 à 2002. Le soulèvement du Front révolutionnaire unifié (RUF) n'avait pas d'autre objectif que le contrôle du commerce de diamants. Le RUF a utilisé des enfants soldats et fait régner la terreur par des viols de masse et des mutilations sur ses opposants. Il a fallu l'intervention de l'armée britannique, relayée par des forces de maintien de la paix de l'ONU, pour mettre fin à la guerre.

Liberia
Indépendance depuis sa création en 1847. Des décennies de démocratie limitée ont débouché dans les années 1980 sur une dictature puis, de 1990 à 1997, sur une vacance du pouvoir.

Guerre civile de 1989 à 1997, qui s'est terminée par l'élection du chef des principales forces armées du pays. La guerre a repris dans le Nord en 1999, avec des incursions de rebelles basés en Guinée.

Côte d'Ivoire
Indépendance en 1960. Parti unique jusqu'en 1990. Dictature militaire de 1999 à 2000. Tentative de coup d'État en 2001.

Le chaos politique a accentué les disputes interethniques, débouchant sur des guerres civiles.

Ghana
Indépendance en 1957. Régime militaire de 1966 à 1969, de 1972 à 1979 et de 1981 à 1992.

Conflit interethnique dans le Nord en 1994-1995. Violences sporadiques provoquées par des disputes territoriales au Nord-Est depuis 1999.

Togo
Indépendance en 1960. Régime militaire de 1967 à 1992. L'ancien chef du régime militaire est l'actuel président, élu en 1998 à la suite de fraudes massives attestées par des observateurs étrangers.

Conflits en 1991.

Cameroun
Indépendance en 1960. Parti unique de 1966 à 1990.

Guinée équatoriale
Indépendance en 1968. Parti unique de 1970 à 1979. Dictature militaire jusqu'en 1983. Retour au parti unique jusqu'en 1993. Partis d'opposition constamment poursuivis.

Gabon
Indépendance en 1960. Parti unique de 1968 à 1991.

-132-

6) Kartenmaterial

a) Senegal und seine Nachbarstaaten

b) Gesamtgebiet der Casamance (Ziguinchor und Kolda)

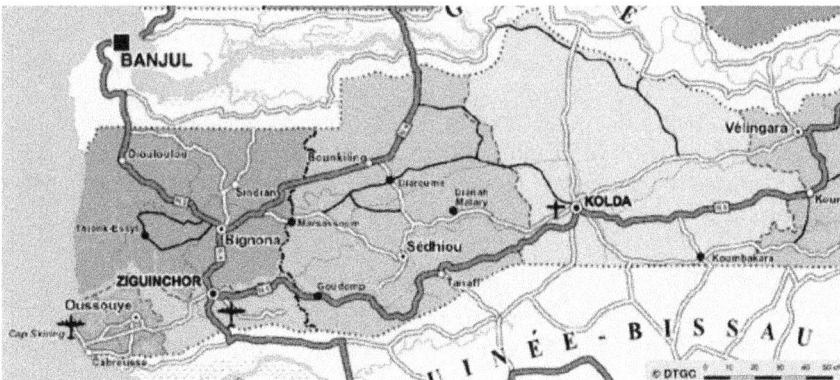

c) Basse-Casamance (Hauptkriegsgebiet)

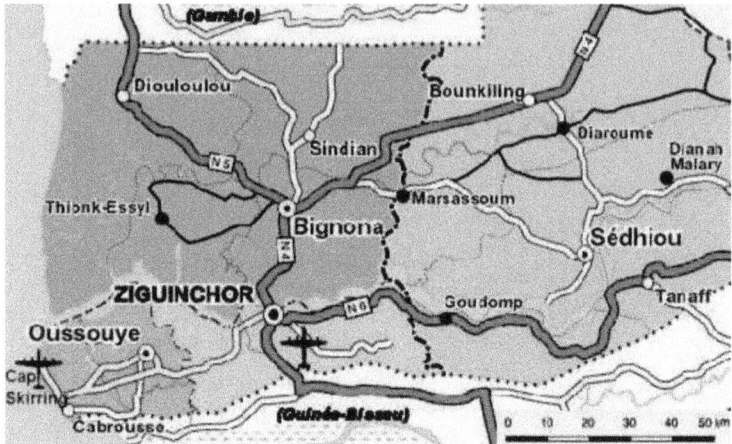

7) **Senegalesische Verfassung (Auszüge): Constitution**
- adoptée au référendum du 07 janvier 2001 -

Préambule (Präambel)

«Le peuple du Sénégal souverain, PROFONDÉMENT attaché à ses valeurs culturelles fondamentales, qui constituent le ciment de l'unité nationale; CONVAINCU de la volonté de tous les citoyens, hommes et femmes, d'assumer un destin commun par la solidarité, le travail et l'engagement patriotique; CONSIDERANT que la construction nationale repose sur la liberté individuelle et le respect de la personne humaine, sources de créativité; CONSCIENT de la nécessité d'affirmer et de consolider les fondements de la nation et de l'Etat; ATTACHE à l'idéal de l'unité africaine;

AFFIRME

- son adhésion à la Déclaration Universelle des Droits de l'Homme et du Citoyen de 1789 et aux instruments internationaux adoptés par l'Organisation des Nations Unis et l'Organisation de l'Unité Africaine, notamment la Déclaration Universelle des Droits de l'Homme du 10 décembre 1948, [...], [...] et la Charte Africaine des Droits de l'Homme et des Peuples du 27 juin 1981;

- son attachement à la transparence dans la conduite [...] ainsi qu'au principe de bonne gouvernance;
- sa détermination à lutter pour la paix et la fraternité avec tous les peuples du monde;

PROCLAME

- le principe intangible de l'intégrité du territoire national et de l'unité nationale dans le respect des spécificités culturelles, de toutes les composantes de la Nation;
- l'inaltérabilité de la souveraineté nationale qui s'exprime à travers des procédures et consultations transparentes et démocratiques;
- la séparation et l'équilibre des pouvoirs conçus et exercés à travers des procédures démocratiques;
- le respect des libertés fondamentales et des droits du citoyen comme la base de la société sénégalaise;
- le respect et la consolidation d'un Etat de droit dans lequel l'Etat et les citoyens sont soumis aux mêmes normes juridiques sous le contrôle d'une justice indépendante et impartiale; [...]; [...]; [...];

la volonté du Sénégal d'être un Etat moderne qui fonctionne selon le jeu loyal et équitable entre une majorité qui gouverne et une opposition démocratique [...];.[...].»

Article Premier

La République du Sénégal est laïque, démocratique et sociale. Elle assure l'égalité devant la loi de tous les citoyens, sans distinction d'origine, de race, de sexe, de religion. Elle respect toutes les croyances.

La langue officielle de la République du Sénégal est le Français. Les langues nationales sont le Diola, le malinké, le Pular, le Sérère, le Soninké, le Wolof et toute autre langue nationale qui sera codifiée.

La devise de la République du Sénégal est: «Un Peuple - Un But - Une Foi.»

Le drapeau de la République est composé de trois bandes verticales et égales, de couleur verte, or et rouge. [...].

La loi détermine le sceau et l'hymne de la République.

Le principe de la République du Sénégal est: gouvernement du peuple par le peuple et pour le peuple.

Article 4

Les partis politiques [...] concourent à l'expression du suffrage. Ils sont tenus de respecter la Constitution ainsi que les principes de la souveraineté nationale et de la démocratie. Il leur est interdit de s'identifier à une race, à une ethnie, à un sexe, à une religion, à une secte, à une langue ou à une région. [...].

Article 5

Tout acte de discrimination raciale, ethnique ou religieuse de même que toute propagande régionaliste pouvant porter atteinte à la sécurité intérieure de l'Etat ou à l'intégrité du territoire de la République sont punis par la loi.

Article 7

La personne humaine est sacrée. Elle est inviolable. L'Etat a l'obligation de la respecter et de la protéger. [...].

Le peuple sénégalais reconnaît l'existence des droits de l'homme inviolables et inaliénables comme base de toute communauté humaine, de la paix et de la justice dans le monde. [...]. [...].

Article 42

Le Président de la République est le gardien de la Constitution. [...].

Il incarne l'unité nationale.

Il est le garant du fonctionnement régulier des institutions, de l'indépendance nationale et de l'intégrité du territoire.

Il détermine la politique de la Nation. [...].

Article 45

Le Président de la République est responsable de la Défense nationale. [...].

Il est Chef suprême des Armées; [...] et dispose de la force armée.

Article 96

[...]. [...]. Nulle cession, nulle adjonction de territoire n'est valable sans le consentement des populations intéressées. [...].

8) Nationalismus in der Casamance

a) Nationalhymne der Casamance

O Casamance, mon beau pays, lieu de mon enfance, du bonheur, des chansons et des rires. Ta souvenance laisse à ma dolence un peu d'espérance. Hélas! Sur cette terre où je suis exilé, mon âme est solitaire et mon cœur désolé: J'attends chaque jour, le moment du retour. Finis chants d'allégresse, finis les clairs matins, voici que ma jeunesse au fond des yeux s'éteint: Puisque je n'ai plus d'espoir de te revoir. [...].

b) Augustin Diamacoune Senghor - «Ils peuvent tuer tous les Casamançais, Dieu animera les pierres et les arbres pour chasser les Sénégalais.»

«Rendons grâces à Dieu pour cette Casamance qu'il nous a donnée. [...].

Oui, beaucoup de choses, très belles, de l'histoire de la Casamance sont écrites dans les faits et dans les cœurs, comme dans les mémoires, mais pas sur le papier [...].

Tout en consignant par écrit les Evénements passés, les pages à écrire par les Fils de ces Héros de la Résistance Casamançaise sont aussi des pages vivantes, actuelles, de cette Histoire de la Casamance. [...].

Je voudrais ensuite inviter tous les Casamançais à être fiers de leur Histoire, sans aucun complexe devant qui que ce soit. Qu'ils soient fiers de leur langue, de leur culture et de leur civilisation. [...]. [...] Frères et Sœurs de Casamance, quelle que soit votre origine. [...]. OUSSOUYE, capitale du CASA! OUSSOUYE! Grand Bastion de la Résistance Casamançais! OUSSOUYE! Capitale du Refus! Refus de se laisser vaincre! Refus de se laisser enchaîner! OUSSOUYE! Terre de Paix, de Liberté et d'indépendance! [...]. [...] de cette Casamance heureuse d'être invaincue et jamais enchaînée: «INVICTA FELIX!».

[...] luire et resplendir sur sa Nation Casamançais L'ETOILE de la LIBERTE et de L'INDEPENDANCE. OUSSOUYE! Capitale du «CASAMU», le «PAYS DES RIVIERES», dont les Fils, malgré leur grande capacité d'encaissement, demeurent triplement «DIOLA«! [...]. OUSSOUYE! Terre de Foi et de Patriotisme! [...] de cette Casamance, petite Nation au Grand Cœur! [...]. AMEN. DI LOBE!»

9) Les Wolof au Sénégal (en 1988) (die Wolof im Senegal)

a) dans la population (im Anteil an der Bevölkerung)

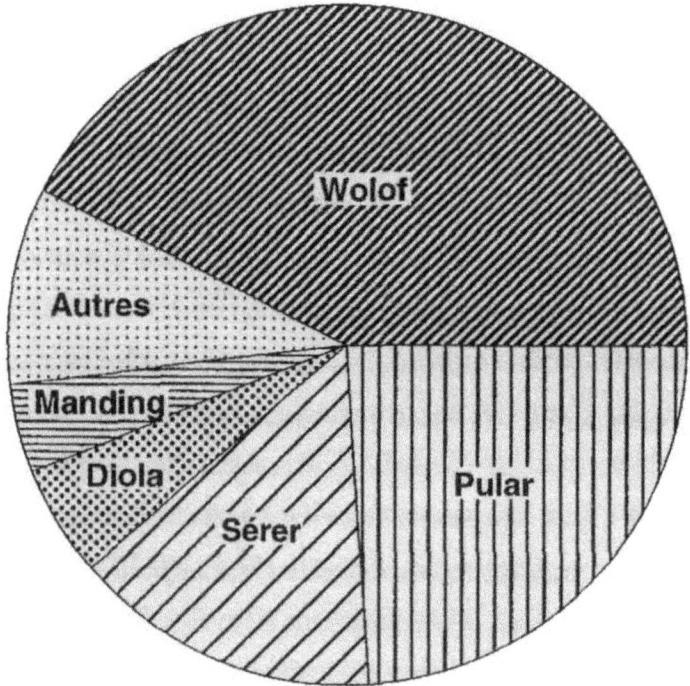

b) dans l'espace (in der geografischen Verteilung)

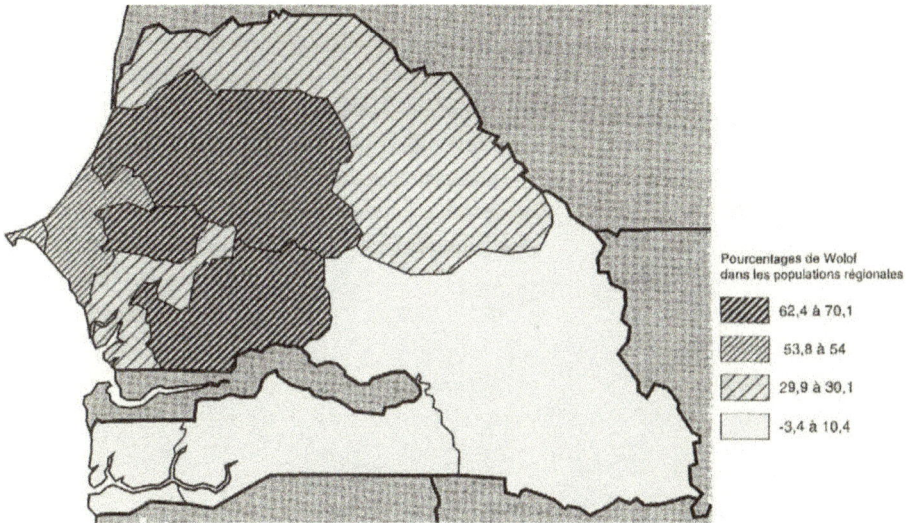

Pourcentages de Wolof
dans les populations régionales

62,4 à 70,1

53,8 à 54

29,9 à 30,1

-3,4 à 10,4

c) la wolofisation par la langue au Sénégal („Wolofisierung" durch
die Sprache im Senegal)

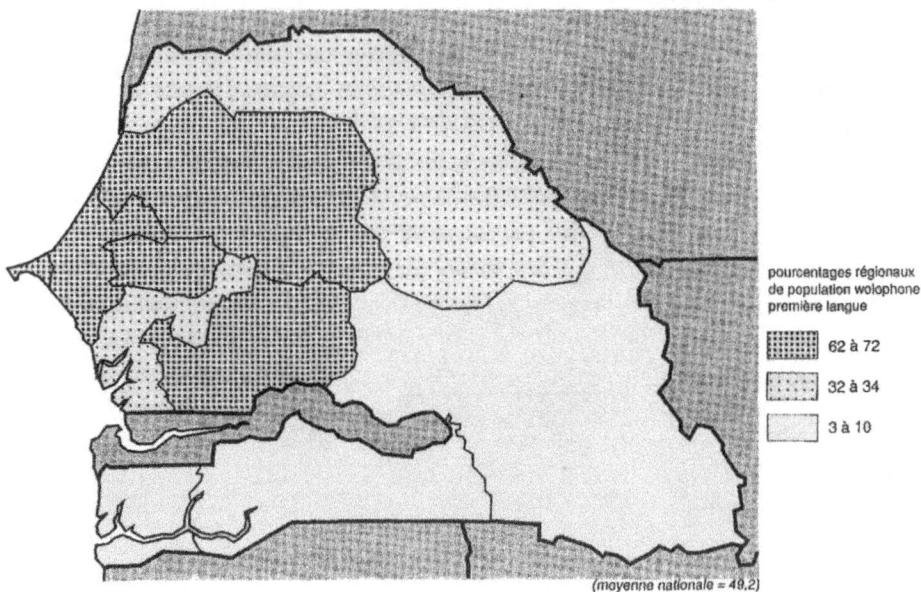

a -wolof première langue

pourcentages régionaux
de population wolophone
première langue

62 à 72

32 à 34

3 à 10

(moyenne nationale = 49,2)

10) Les risques d'éclatement du Sénégal (Risiken der Zersplitterung)

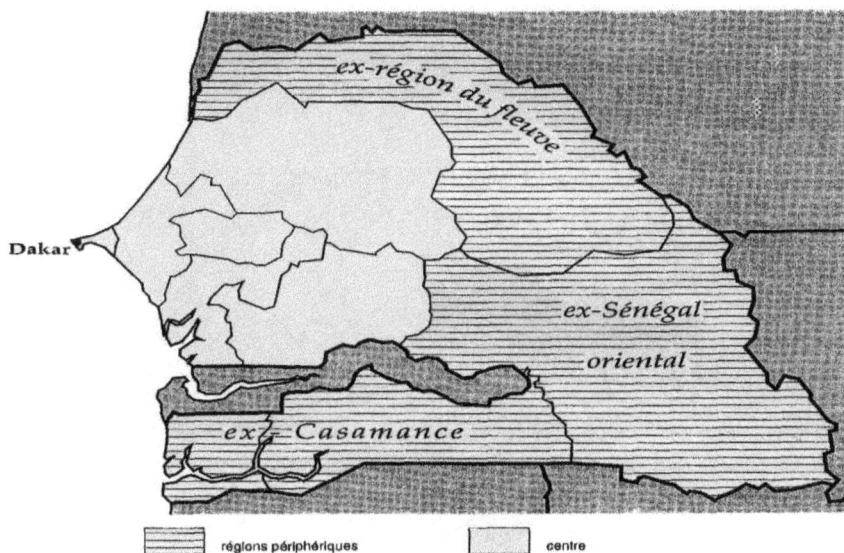

11) La déstabilisation de la sous-région (Destabilisierung der Subregion)

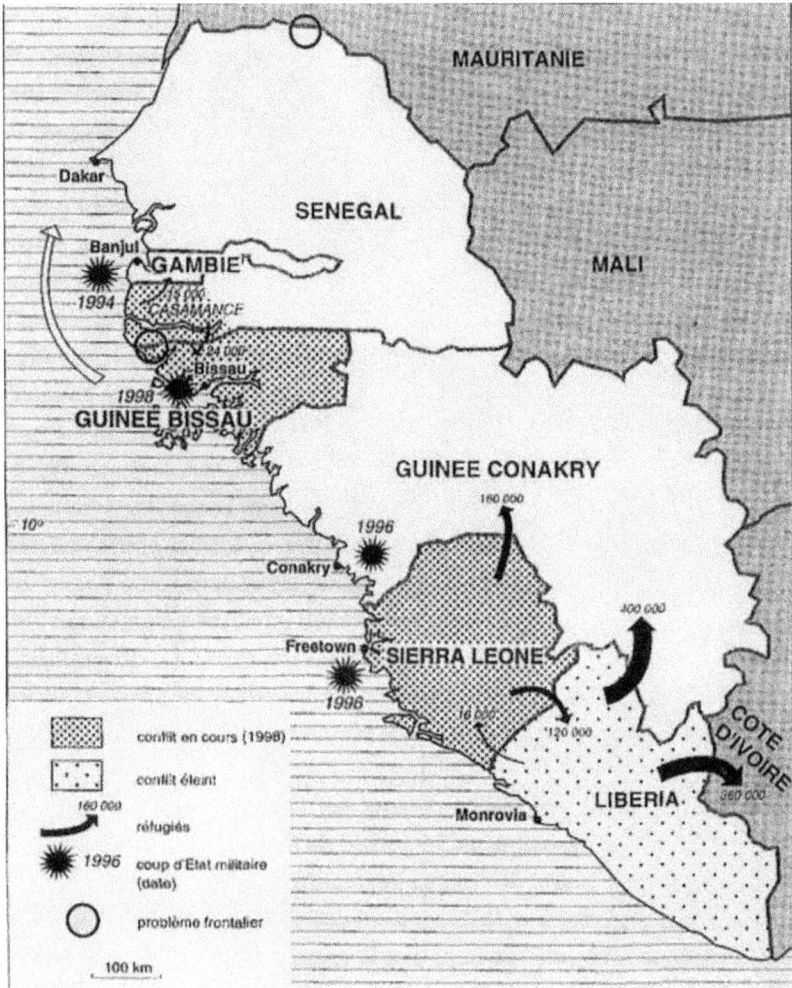

MAURITANIE

Dakar

SENEGAL

MALI

Banjul
GAMBIE
1994
CASAMANCE

Bissau
1998
GUINEE BISSAU

GUINEE CONAKRY

160 000

10°

1996

Conakry

Freetown
SIERRA LEONE
1996

100 000

16 000

120 000

COTE D'IVOIRE

360 000

Monrovia

LIBERIA

conflit en cours (1998)

conflit éteint

160 000   réfugiés

1996   coup d'Etat militaire (date)

problème frontalier

100 km

12) Le risque d'une sécession casamançaise (das Risiko einer Sezession der Casamance)

a) La République du Sénégal (Die Republik Senegals)

b) La Casamance indépendante: Le projet du MFDC

   (Die unabhängige Casamance: Das Projekt der MFDC)
   (Sénégal: schwarz / Casamance: gestreift)

version 1: limites actuelles (régions de Ziguinchor et Kolda)
(aktuelle Grenzen)

version 2: limites d'une Casamance historique (avec Tambacounda)
(die Grenzen einer Casamance, die laut MFDC geschichtlich begründet
sind und Tambacounda implizieren)

13) Les lieux de la question de Casamance (Relevante Orte bezüglich der Streitfrage der Casamance)

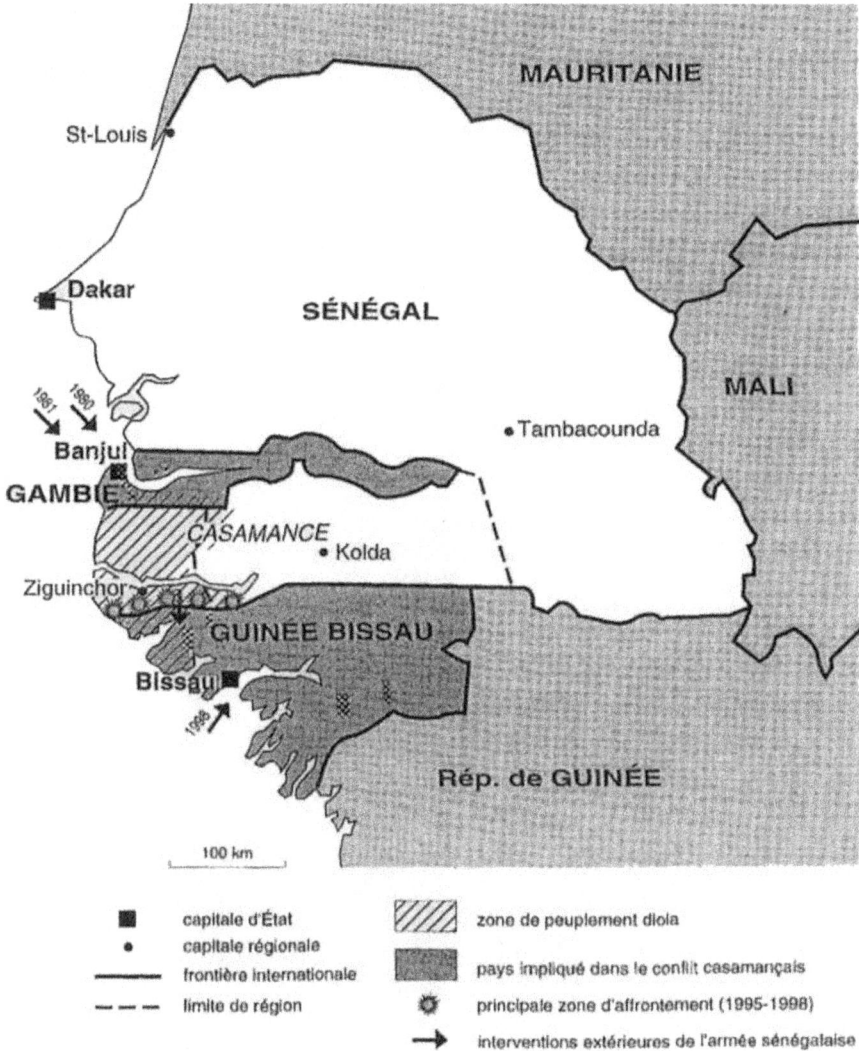

Légende:
- capitale d'État
- capitale régionale
- frontière internationale
- limite de région
- zone de peuplement diola
- pays impliqué dans le conflit casamançais
- principale zone d'affrontement (1995-1998)
- interventions extérieures de l'armée sénégalaise

14) **Culture de Cannabis et conflit casamançais (Cannabisanbau)**

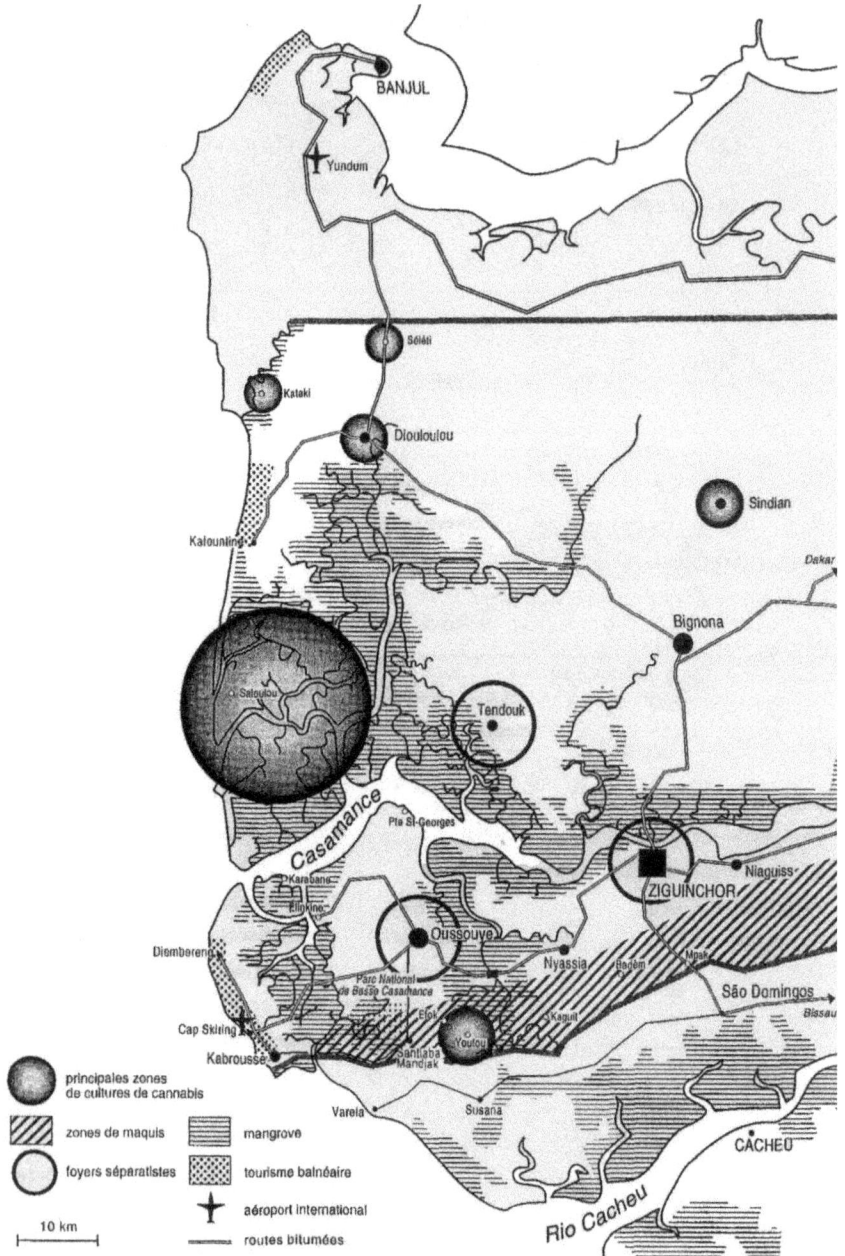

BANJUL

Yundum

Séléti

Kataki

Diouloulou

Sindian

Kalounine

Dakar

Bignona

Saloulou

Tendouk

Casamance

Pte St-Georges

Karabane

Elinkine

Niaguiss

ZIGUINCHOR

Diembereng

Oussouye

Nyassia

Badem

Mpac

São Domingos

Parc National
de Basse Casamance

Efok

Kagui

Bissau

Cap Skiring

Youtou

Kabrousse

Santiaba
Mandjak

principales zones
de cultures de cannabis

Vareia

Susana

CACHEU

zones de maquis

mangrove

foyers séparatistes

tourisme balnéaire

aéroport international

10 km

routes bitumées

Rio Cacheu